A RADIOGRAFIA DO GOLPE

JESSÉ SOUZA

A RADIOGRAFIA DO GOLPE

ENTENDA COMO E POR QUE VOCÊ FOI ENGANADO

LeYa

Este livro foi revisado segundo o Novo Acordo Ortográfico da Língua Portuguesa.

Copidesque
BRENO BARRETO

Revisão
DIEGO TAVARES

Capa
ANGELO ALLEVATO BOTTINO

Diagramação
ABREU'S SYSTEM

Dados Internacionais de Catalogação na Publicação (CIP)
Angélica Ilacqua CRB-8/7057

Souza, Jessé
A radiografia do golpe : entenda como e por que você foi enganado / Jessé Souza. – Rio de Janeiro : LeYa, 2016.
144 p.

ISBN 978-85-441-0446-0

1. Brasil – Política e governo I. Título.

16-0730 CDD 320.981

Índices para catálogo sistemático:

1. Brasil – Política e governo

LEYA EDITORA LTDA.
Av. Angélica, 2318 – 12º andar
01228-200 – Consolação – São Paulo-SP
www.leya.com.br

Transformam o país inteiro num puteiro,
pois assim se ganha mais dinheiro.

CAZUZA

Para Joyce

SUMÁRIO

PREFÁCIO

Ao escrever este livro, meu interesse é possibilitar o entendimento por parte de qualquer pessoa com formação média e boa vontade para compreender como e por que a sociedade brasileira foi enganada em um dos golpes de Estado mais torpes de nossa história.

Como o mundo sempre nos é exposto em fragmentos, nossa compreensão tende a ser sempre confusa, localizada, personalizada, dramatizada e, o que resume tudo, "novelizada". Enxergamos apenas pessoas, separadas em boas e más, e nunca percebemos os "interesses" que as movem. Contrapor-se a essa leitura dominante e superficial do mundo, que é reproduzida em praticamente todos os nossos jornais e canais de televisão, é o fito deste livro. Meu desafio foi articular e tornar compreensível a complexa rede de interesses impessoais que, a exemplo do teatro de marionetes, prende os fios que permitem criar o drama reproduzido pelas pessoas no palco da vida.

A primeira parte do livro visa ao esclarecimento das pré-condições do golpe. Trata tanto do desvelamento dos mecanismos que permitem à elite do dinheiro ser a "mandante" do golpe, realizado por outros em seu nome – sem que essa elite seja sequer mencionada na trama – quanto da explicitação dos novos conflitos de classe, fruto da recente ascensão social de setores populares, que serviram de pano de fundo para viabilizar o golpe. Esse esclarecimento prévio me parece fundamental à compreensão das razões do golpe para além da viciada e distorcida cobertura midiática. Mas o leitor mais impaciente pode começar pela segunda parte do livro e eventualmente ler a primeira parte depois.

Meu conselho, no entanto, é ler o livro na ordem em que ele se apresenta. Afinal, o esclarecimento de qualquer fato contemporâneo depende da reconstrução de sua perspectiva histórica. O presente não se autoexplica sem que o passado nos desvende sua gênese. É apenas porque nunca compreendemos verdadeiramente os golpes de Estado anteriores que este atual pôde acontecer exatamente do mesmo modo, defendendo os mesmos interesses mesquinhos de sempre. Sem autocrítica, nos tornamos presas do eterno retorno dos mesmos medos e mecanismos que nos controlam desde a mais tenra idade, sem sequer dispor de qualquer defesa contra eles. E, assim como acontece com os indivíduos, uma sociedade aprende somente com a autocrítica. Por conta disso, os dois primeiros capítulos deste livro discutem a gênese histórica do golpe. Seu fio condutor é mostrar como todos os golpes, inclusive o atual, são uma fraude bem-perpetrada dos donos do dinheiro, que são os reais "donos do poder".

O núcleo de toda fraude da elite do dinheiro que faz os outros de tolos é o tema da corrupção seletiva. Como não se sabe nem se define com precisão o que é corrupção – até bem pouco tempo só o agente do Estado podia ser punido por esse crime –, esta passa a ser uma construção arbitrária daquilo que o inimigo político faz. Todos os golpes de Estado tiveram a corrupção como mote, precisamente porque ela se presta sem esforço a ser tomada arbitrariamente contra o inimigo político de ocasião. A farsa é tão completa que até mesmo uma presidente que, pelo menos até a data em que o impedimento foi votado na Câmara dos Deputados e aceito pelo Senado, jamais havia sido sequer acusada de corrupção torna-se sua vítima. Os capítulos iniciais são, portanto, imprescindíveis para mostrar como até a história do Brasil foi distorcida para que nela coubesse a possibilidade de ser usada contra o inimigo político.

Os interesses financeiros de meia dúzia de pessoas precisam primeiro colonizar nosso espírito para depois poderem assaltar nosso bolso e drenar os recursos de toda a sociedade – por meios legais e ilegais – para o bolso de uma elite mesquinha que sempre foi indiferente ao destino do país. A elite do dinheiro é antes de tudo a elite financeira, que comanda os grandes bancos e fundos de investimento. É a ela que as outras frações de endinheirados, como a fração do agronegócio, da indústria e do comércio, confiam seu lucro. Todas as frações de endinheirados ganham mesmo é com as taxas de juros exorbitantes, que significam uma espécie de "taxa extra" associada aos preços do mercado. Todas as outras classes pagam essa taxa a esta ínfima elite. Isso, obviamente, não aparece nunca nos jornais ou telejornais cujos articulistas econômicos são pagos direta ou indiretamente por essa mesma elite para legitimar esse saque ao bolso coletivo.

A taxa de juros extorsiva embutida em qualquer bem ou serviço que todos consumimos precisa ser distorcida. Diz-se, por exemplo, que ela é necessária ao "controle da inflação", mascarando-se o interesse de tão poucos em prol de um suposto interesse geral. Uma vez que a taxa de juros, como ficará claro ao longo do livro, é definida em grande medida de modo político e arbitrário, a luta por sua manutenção em níveis altos representa o verdadeiro assalto e a verdadeira corrupção – legalizada por um Congresso majoritariamente comprado para isso –, que uma população submetida a distorções sistemáticas da realidade, por uma mídia em grande parte sócia do saque, não percebe.

Sem compreender isso, não compreenderemos por que e como essa elite do dinheiro fácil nos faz a todos de imbecis há tanto tempo. Primeiro domina-se a inteligência que vai distorcer a história e a compreensão do país para todas as outras classes por meio das universidades e das escolas. Depois, por meio do controle direto ou indireto dos meios de divulgação da informação, é possível, dentro de circunstâncias favoráveis, distorcer e fraudar sistematicamente a forma como a sociedade percebe a si própria e quais são os verdadeiros interesses em jogo. Afinal, são os consensos e as ideias que assimilamos sem refletir e acerca das quais não temos distanciamento reflexivo que escravizam o nosso espírito e nos fazem agir contra nossos melhores interesses.

Esse é o ponto central dos dois capítulos introdutórios deste livro: mostrar como a exploração material de todo um povo só é possível com a colonização de seu espírito e de sua capacidade de refletir. Sem isso não entenderemos como classes sociais inteiras agiram de modo contrário aos seus interesses e, sob o pretexto de combater a corrupção, acordaram no dia seguinte ao golpe com um sindicato de ladrões mandando no país.

O terceiro capítulo mostra de que modo as transformações recentes na estrutura de classes da sociedade brasileira criaram novos conflitos e preconceitos de classe que antes estavam adormecidos. Esse foi o verdadeiro pano de fundo, sobre o qual até agora não se refletiu e discutiu adequadamente, que possibilitou o golpe. Como a política é uma mistura de aspectos racionais e irracionais – com estes últimos muitas vezes predominando sobre os primeiros –, compreender as transformações recentes que a sociedade brasileira atravessou e as contradições que elas propiciaram é começar a compreender as verdadeiras razões para tanto ódio e tanta mentira.

Finalmente, a segunda parte do livro se destina a reconstruir o dia a dia do golpe propriamente dito. Quem e por que dele participou ativamente foi a questão que nos orientou. Não nos interessa aqui “fulanizar” o debate, como a imprensa comprada e sócia de todos os golpes de Estado fez e faz. Queremos, ao contrário, desvelar a grande hipocrisia da “refundação moral do Brasil” e mostrar os reais interesses corporativos e mesquinhos por trás dessa fraude. O interesse maior é perceber a complexa articulação de interesses – sempre encobertos e nunca admitidos – que permitiu a ação concertada de diversos atores sociais que terminaram na derrubada, por um pretexto ridículo e descabido, de um governo eleito democraticamente. O interesse aqui é nos tornar mais sábios no presente e no futuro, já que sempre fomos tão tolos no passado.

Afinal, se o interesse que atuou como motor de todo o processo foi permitir à elite do dinheiro se apropriar da riqueza coletiva sem peias, outros sócios menores se associaram à aventura: a grande mídia, por razões que ficarão claras na segunda parte deste livro, e o complexo jurídico-policial do Estado. A "casta jurídica" também assalta o país com salários nababescos e vantagens de todo tipo que o mortal comum sequer sonha. A relação entre o gasto da máquina judiciária e o PIB nacional no Brasil é singular no mundo, como mostra a tabela abaixo.

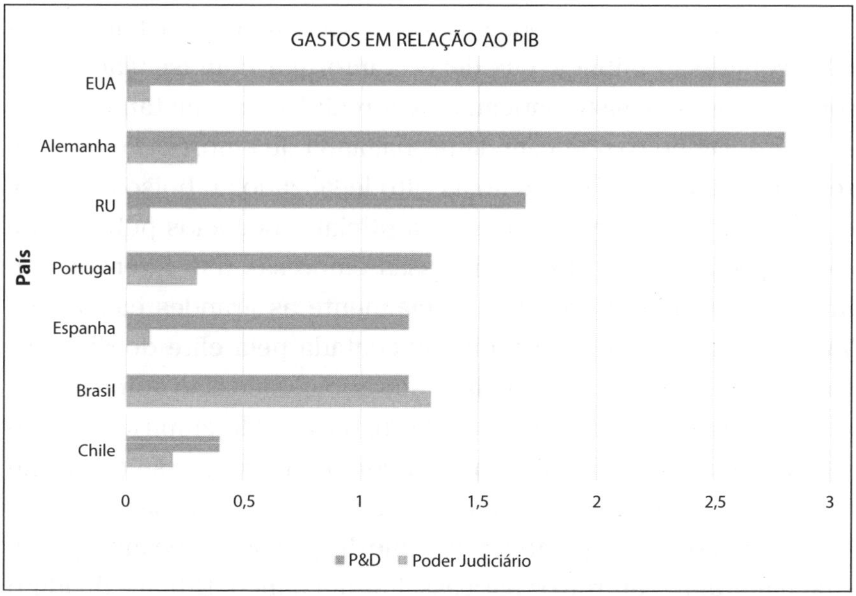

Fonte: Dados: OCDE e Prof. Luciano Da Ros (UFRGS) em http://linkis.com/0jQln

O fato de o Brasil gastar, comparativamente, cerca de seis vezes a mais que os EUA com o poder judiciário não implica, como todos sabem, seis vezes mais eficiência na administração da justiça. Muito pelo contrário.

É que o gasto não é na eficiência do sistema, mas sim em construções faraônicas e luxuosas e em salários e vantagens de todo tipo – que evitam a transparência que o executivo mantém quanto aos salários de seus servidores –, que vão parar no bolso dos operadores jurídicos. Sua arma mais comum para conseguir tamanhos privilégios corporativos é a chantagem política, do mesmo modo como acontece na grande mídia. O recente aumento de 41% em salários já altíssimos, pelo menos para o alto escalão do judiciário, revela o tamanho do descolamento dessa casta privilegiada em relação ao restante da sociedade. Por isso seus interesses se ligam à reprodução, e não à critica, dos privilégios injustos. Vantagens corporativas e estratégias políticas de captura do Estado são encobertas sob o véu espaçoso da farsa de "guardião da moralidade pública", montada para os tolos.

A grande imprensa, por sua vez, especialmente a televisão – uma concessão pública, que deveria informar com isenção –, distorceu e distorce sistematicamente a realidade social também por dinheiro. Dinheiro que vem da propaganda de empresas com interesse direto no rentismo e no assalto legalizado ao bolso coletivo, e dinheiro público em propaganda oficial e negócios públicos de todo tipo, por meio dos quais essas empresas têm interesse em lucrar. A grande imprensa, especialmente as grandes cadeias de TV, é, portanto, sócia na rapina executada pela elite do dinheiro sobre o bolso de todos. Vem daí o seu apoio aberto ao golpe. Como veremos na segunda parte deste livro, o exemplo empírico do Jornal Nacional, da TV Globo, mostra como a farsa que se construiu midiaticamente foi satanicamente refinada e sofisticada.

Mas como todo espectador de filme de gângster sabe muito bem, é fácil juntar aventureiros para assaltar um banco. Difícil é dividir o saque depois. Esse é precisamente o momento que estamos vivendo agora. O que fazer com o butim do assalto à soberania popular? O partidarismo da operação Lava Jato, que ficou escancarado com as escutas ilegais e seletivas e com a perseguição e criminalização apenas da "esquerda" até o afastamento da presidente, tem agora que penetrar em terreno minado e abranger seus antigos aliados. Sem isso, a "casta jurídica" perde seu capital de confiança recém-conquistado e se mostra ao público como um ator social tão mesquinho e venal como os outros. Esse é o aspecto central da crise atual. A luta de morte entre os políticos e os operadores jurídicos pelo espólio político do golpe.

Como sempre, não se fala em uma reforma política que torne transparente a relação entre os donos do dinheiro e a política, que é a única e verdadeira questão fundamental acerca do tema da corrupção. A "fulanização" da corrupção, como se ela fosse privilégio de políticos e partidos específicos, e não uma variável estrutural da nossa política, é a prova mais cabal de um debate público sistematicamente distorcido pela grande mídia. É ela, afinal, a grande inimiga de qualquer ordem democrática vigorosa no Brasil de hoje.

Na conclusão do livro, discutiremos as consequências do golpe para o futuro. A construção, depois de muito tempo, de uma "direita" que se assume e que sai do armário é talvez a maior novidade política do golpe. Esse fato vai mudar a forma como a política será feita no Brasil daqui por diante. Na outra ponta, uma esquerda que sempre sonhou com compromissos com uma "boa burguesia", a fração industrial da classe dominante, e que sempre foi "traída" nesse amor não correspondido, tem que se pensar e se organizar de modo completamente novo a partir de agora. É uma esquerda que, no fundo, nunca teve uma concepção própria da realidade brasileira e, por conta disso, sempre foi colonizada discursivamente pela direita que "tirava onda" de crítica. Uma esquerda que sempre imaginou que bastava um plano econômico alternativo, sem uma reflexão autônoma também sobre o Estado e sobre a sociedade, para construir um projeto de sociedade.

O golpe instaura um novo momento político para todos os atores decisivos da vida política, e a conclusão tenta mapear os limites e possibilidades de cada um. De resto, este livro não é um exercício intelectual distanciado da realidade. A distância em relação aos fatos e a procura da objetividade só têm lugar aqui para permitir a compreensão dos motivos dos atores em disputa. Meu interesse, no entanto, é forjar uma compreensão alternativa da realidade brasileira que permita uma intervenção prática na realidade também distinta de tudo que tivemos. Afinal, sem novas ideias não existe prática política nova.

CAPÍTULO 1

Os golpes sempre foram por mais dinheiro para poucos, e nunca para combater a corrupção

A construção da corrupção como "direito contra o inimigo" de classe e a ciência a serviço do dinheiro

Qualquer grupo social que queira dominar economicamente outro grupo, de modo a extrair permanente e continuadamente o produto de seu trabalho, precisa, antes de tudo, saber "colonizar" o seu espírito. Ninguém se deixa explorar de modo direto e violento sem reação. A possibilidade de debelar a reação com mais violência sempre se revelou muito custosa e, crescentemente com o avanço da história, de eficácia apenas de curto prazo. No mundo moderno, quem quiser se apropriar, por meio de instrumentos de mercado e de Estado, da riqueza e do produto do trabalho alheio tem, antes, de convencer os espoliados de que a dominação que os explora e subordina é para seu próprio bem.

Esse trabalho de mostrar aos dominados que sua própria dominação, que os explora e subordina, é boa para eles mesmos não é fácil. É por conta disso que a elite do dinheiro, que é a elite que retira do bolso da sociedade o produto do trabalho de todos para pô-lo no próprio bolso, precisa de outras elites para ajudá-la a fazer esse trabalho. Nesse sentido, é incorreto falar em "elite" de maneira abstrata, pelo menos nas sociedades capitalistas modernas. A elite que "manda" é sempre a elite do dinheiro, pelo simples fato de que ela pode comprar todas as outras elites, que, por conta disso, lhe são subordinadas.

Como a exploração material e econômica nunca se dá sozinha, mas tem que, antes, colonizar e aprisionar o espírito do explorado, a primeira elite a ser comprada é a intelectual. As elites do dinheiro e do poder precisaram, em todas as épocas, convencer a imensa maioria dominada e explorada de que seus privilégios são merecidos e justos. Se essa justificação hoje em dia é feita pelos "cientistas", no passado a elite intelectual que se incumbia desse trabalho era religiosa. Era a religião, e não a ciência, que interpretava o mundo. Por conta disso, todas as grandes religiões mundiais desenvolveram mecanismos de justificação do privilégio e da riqueza. Antes que a política se diferenciasse como uma esfera autônoma, a religião fazia também o trabalho da política. O cristianismo ocidental, por exemplo, levou ao paroxismo a justificação do privilégio injusto ao sacralizar a ordem mundana, repetindo-a na hierarquia religiosa. Se os reinos tinham seus reis, duques e condes, a Igreja tinha o papa, o cardeal, o bispo etc. A correspondência entre as hierarquias profana e sagrada era perfeita e servia para justificar por "vontade divina" o mundo como ele era. O dado fático, a vida injusta, era transformado em desejável e moralmente justo. Por conta disso, dados potencialmente revolucionários do cristianismo, a noção de humildade e a experiência da humilhação, percebidas como virtudes redentoras, e não como fraquezas, foram vistas como ensejo para uma recompensa no "outro mundo", e não "neste mundo". Com isso, a justificação do privilégio fático e injusto se torna perfeita. Todas as outras grandes religiões mundiais construíram mecanismos de justificação do privilégio semelhantes ou até mais elaborados.[1]

Ainda que a justificação religiosa do mundo permaneça como decisiva para muitas pessoas e até para sociedades inteiras, o papel central da religião de definir o que é verdadeiro ou falso e o que é certo ou errado é, hoje em dia, exercido crescentemente pela ciência, e não mais pela religião. Perceber isso é compreender que hoje cabe à ciência o papel mais importante na justificação do privilégio injusto. Assim como a "ortodoxia religiosa", ou seja, a religião dominante – no caso do ocidente, o catolicismo – era ameaçada pela "heterodoxia religiosa" – no ocidente, o protestantismo –, a "ortodoxia científica" enfrenta ameaças. A ciência dominante – por definição àquela que serve à dominação – é criticada pela ciência heterodoxa por exercer um papel não de servir à verdade, mas aos interesses dos "donos do mundo".

Uma das características mais marcantes do capitalismo moderno é a construção da ideia de uma "esfera econômica" como algo "amoral" ou, pelo menos, como uma esfera social supostamente livre do peso de ter de se justificar moralmente. Nisso reside sua singularidade em relação às outras esferas sociais. Todas as demais esferas da vida são abertamente "hipócritas", ou seja, dizem que são uma coisa e fazem outra muito diferente.

Pensemos na política, a título de exemplo. Embora todo político tenha interesses pragmáticos de aumentar seu capital político e garantir o financiamento da próxima eleição, apenas para citar os mais óbvios, esses mesmos interesses, que na maior parte dos casos são os decisivos, têm que ficar à sombra, relegados ao silêncio. Não é legítimo falar deles na política. Nenhum político os menciona aos seus eleitores. Desse modo, todo político é obrigado a se colocar como uma espécie de monge, sem interesses pessoais ou familiares, dedicado apenas ao bem comum e ao interesse público. Boa parte da farsa cotidiana da atividade política advém dessa necessidade – entre a mentira aberta e o silenciamento –, existente em todas as outras atividades da vida.

Agora pensemos na ciência. Ela só existe para permitir que o "valor da verdade", no sentido de "procura da verdade", seja institucionalizado. No cotidiano das universidades, na discussão acadêmica e no debate público, no entanto, é a defesa do *status quo*, das pequenas distinções e vaidades e das hierarquias existentes que assumem a dianteira por meio do sacrifício do valor da verdade. Se a verdade prevalecer, ou, dito de outro modo, se a melhor "aproximação com a verdade" prevalecer, será sempre depois de muita luta contra interesses que nada têm a ver com a verdade. Isso será possível apenas, portanto, no longo prazo.

Em todas as outras atividades humanas reina a mesma hipocrisia. Existe sempre uma dupla moral: diz-se que se faz uma coisa quando, na realidade, faz-se outra muita distinta. Menos na economia. Na economia, as pessoas podem falar sem constrangimentos sobre seus interesses pessoais e egoísticos. É "legítimo" se comportar assim na economia. Essa foi uma dura conquista histórica para este campo de atividade contra os limites impostos pela ética religiosa que, por exemplo, proibia expressamente a "usura", a cobrança de juros. Tamanha liberdade de ação e de expressão não se deu de um dia para o outro. Foi necessário o trabalho incansável de incontáveis intelectuais e pensadores que apostaram seu prestígio em defesa dessa liberdade. O dinamismo de toda a sociedade, diziam eles, dependia dessa liberdade. A busca do lucro e do ganho tem que ser livre, posto que assim ganhamos todos. O "vício" individual gera uma "virtude" coletiva.[2] Como toda ação humana tem que ser justificada, a transparência extraordinária da atividade econômica está vinculada a uma legitimação de segundo grau: ao fim e ao cabo todos nós ganhamos se os negócios e as transações econômicas se realizarem usando seu próprio nome, sem se dizer que uma coisa está sendo feita quando na realidade se faz outra muito diferente.

Essa posição especial mostra que o mundo moderno ou o capitalismo – como quer que se queira denominá-lo – passa a possuir uma elite que comanda todas as outras elites e, desse modo, comanda também o imaginário social tido por todos como legítimo. A elite do dinheiro é a "verdadeira elite" por conta do simples fato de poder comprar todas as outras elites que exercem influência variada na sociedade. Como veremos, isso não é pouco. Compra-se primeiro a elite intelectual cuja opinião possui o prestígio e o condão de influenciar a opinião de muitos, depois se compra a elite política de modo direto financiando eleições e compra-se depois, direta ou indiretamente, a elite jurídica, jornalística, literária etc.

No campo intelectual a elite do dinheiro não só legitima sua ação cotidiana sem precisar apelar para a cansativa e custosa dupla moral da vida social moderna. Ela também cria sua própria "moralidade", como vimos, para que possa ser percebida como uma elite virtuosa que traz progresso, emprego, conforto e afluência para todos. Pensadores de grande prestígio e influência como Max Weber contribuíram de modo decisivo para que uma aura de prestígio para a atividade da elite econômica fosse possível.

Weber foi o pai, ou pelo menos o autor de mais prestígio, de um pensamento que fundou um corte "moral" entre a atividade econômica pré-capitalista e a capitalista propriamente dita. A famosa distinção entre um "capitalismo aventureiro", supostamente pré-moderno, e um "capitalismo sóbrio", sob a égide da temperança dos afetos protestante, hoje na cabeça de todos, teve na sua pena sua melhor expressão. A ideia aqui é separar uma atividade econômica supostamente sem planejamento e sem cálculo de longo prazo – um "capitalismo de pirata" baseado em lucros altíssimos, mas inconstantes e arriscados – do lucro cotidiano e metódico. Apenas este último tipo de capitalismo mereceria o nome de "racional", uma vez que baseado no controle dos afetos e no raciocínio prospectivo, de modo a garantir sua continuidade infinita.[3]

Todas as guerras modernas e contemporâneas para controlar matérias-primas chaves de países mais frágeis militarmente provam o contrário da tese weberiana no que se refere a esse assunto. O capitalismo da violência e do "butim" apenas se aperfeiçoou de lá para cá. A guerra do Iraque, apenas para citar um exemplo, comandada pelo interesse de meia dúzia de indústrias petrolíferas, matou milhões com base em mentiras comprovadas e tornou instável uma região inteira com consequências que se arrastam até os dias de hoje. O "corte moral" do capitalismo moderno é falso.

Tudo mostra a continuidade histórica da rapina colonial. Mas continuamos ingenuamente a acreditar na excepcionalidade moral do capitalismo contemporâneo. Isso mostra a extraordinária resiliência das justificações da elite do dinheiro e de seu poder de pautar o que se acredita ser verdadeiro ou falso.

Esse ponto é muito importante quando refletimos sobre a manipulação do tema da corrupção em todo lugar e seu lugar muito especial que essa manipulação assume entre nós. A elite do dinheiro tende não só a legitimar sua própria atividade de forma que nenhuma outra atividade social logrou conseguir; ela também cria uma "ordem legal" e um "discurso político-social" que permite silenciar o que não pode ser visto, jogando a culpa de todas as mazelas sociais no ombro de outras elites e outras esferas sociais. É uma dominação construída para permitir e justificar a drenagem de recursos de todos para poucos bolsos, em tempos normais. Com isso, ela faz recair no ombro de outras elites a culpa de crises e desequilíbrios – mesmo quando no todo ou em parte provocada pela própria elite econômica. Isso significa que não existem elites em competição, mas a ação de uma elite, incomparavelmente mais poderosa que as outras, posto que ela pode comprar, direta ou indiretamente, todas as outras elites.

Outro exemplo desse poder excepcional é a própria definição do que é crime ou do que afinal é corrupção na sociedade moderna. Na passagem da sociedade pré-moderna à sociedade moderna, a própria ideia do que passa a ser considerado crime se transforma radicalmente.[4] As negociatas da grande finança e das grandes corporações ou deixam de valer como crime ou passam a ter tribunais especiais para sua resolução, quase sempre baseados em compromissos e pagamentos em dinheiro, muitas vezes em segredo público.[5] A ideia de crime passa a ser associada à defesa da propriedade contra furtos e assaltos das classes menos abastadas. Os códigos penais e as prisões passam a se concentrar nesse tipo de público.

Esse novo consenso do que passa a valer como legal ou ilegal significa que o batedor de carteiras, o pequeno traficante e o assaltante de rua tornam-se foco da ação policial e legal. O assalto especulativo de fundos de investimento, ao contrário – que eventualmente empobrece países do tamanho da Argentina ou da Malásia e impede o pagamento de aposentadorias, tendo impacto negativo dramático na vida de milhões – não é visto como crime. Por outro lado, o investidor que liderou o ataque é festejado como "gênio financeiro", e sua foto aparece nas capas festejantes de revistas como *The Economist* e *Time*.

Esse tipo de inversão da realidade, que ocorre em todo lugar, existe aqui de modo muito mais dramático e destruidor. Isso acontece porque a nossa elite do dinheiro nunca teve de se confrontar com elites subalternas nem estabelecer os compromissos que esse tipo de confronto permitiu construir em outras sociedades. Substituir a rapina econômica de curto prazo por compromissos mínimos que garantam níveis de vida dignos também para a classe trabalhadora no médio e no longo prazo – o compromisso social-democrata típico em suas várias nuances – só foi tentado em sua versão tropical muito recentemente e está hoje em dia sob fogo cerrado.

Como foi possível à nossa elite do dinheiro construir tamanha hegemonia cultural de modo a possibilitar que, por exemplo, a crise atual pareça caber a todas as outras elites, como as elites política, jurídica ou jornalística, com exceção dela própria? Como se pode praticar o capitalismo mais selvagem e espoliar o trabalho de todos cotidianamente e dar a impressão de que a "corrupção" é sempre do outro? Essa exploração selvagem é pouco discutida na esfera pública, mas é preciso deixar claras suas proporções reais.

A construção da "hegemonia do dinheiro" no Brasil não vem de agora. Ela foi consciente e cuidadosamente construída por uma elite do dinheiro que então havia acabado de perder o controle do Estado, o que foi causado pela revolução de 1930 e a ascensão de Getúlio Vargas ao poder. A construção da USP nos anos 1930 por esta mesma elite teve precisamente a intenção de criar uma contra-hegemonia ideológica, que se opusesse ao regime recém-implantado.[6] O livro *Raízes do Brasil*, de Sérgio Buarque de Holanda, publicado em 1936, foi e ainda é a materialização mais concreta desse ideário. Ele foi decisivo para a construção de uma hegemonia liberal-conservadora, cujos traços examinaremos a seguir. Essa hegemonia abarcou tanto a direita quanto a esquerda do espectro político, construindo e justificando os padrões econômico, político, social e cultural excludentes que nos caracterizam. Os efeitos dessa hegemonia cultural, por sua vez, se mostram, hoje em dia, tanto em um discurso que demoniza o Estado e sacraliza o mercado – construindo a semântica possível de uma luta de classes invisível – quanto em práticas institucionais consolidadas que se naturalizaram. O melhor exemplo dessas práticas que se tornam "natureza" e escapam à reflexão é não perceber a ação de um mercado selvagem que drena os recursos da sociedade inteira para o bolso do 1% de endinheirados. Esses meios podem ser legais, como uma taxa de juros estratosférica que drena os recursos de todos para poucos e impede o dinamismo produtivo – e neste caso a legalidade é assegurada por um Congresso comprado e uma mídia sócia no saque –, mas também podem ser ilegais. A evasão fiscal ilegal é orçada em grandezas muito maiores que todas as corrupções estatais reunidas, mas seu efeito deletério sequer é discutido ou tem espaço na esfera pública. Pesquisadores do Tax Justice Network orçaram em 520 bilhões de dólares a evasão fiscal de super-ricos brasileiros para o exterior.[7]

A hegemonia cultural da elite do dinheiro é necessária posto que o interesse econômico de uma ínfima minoria, muito menor do que 1% da população, não teria por si só legitimidade, como nos golpes brasileiros, para assumir o controle total do Estado sem ter tido um voto. Não se pode dizer: pessoal, vocês são gentinha desqualificada e só servem para encher meu bolso! Não dá. É preciso inventar uma mentira bem-produzida e repetida por todos os jornais e televisões do país. Torna-se necessário fazer de conta que se trata de uma cruzada moral para o bem de todos. As elites do dinheiro de todo lugar e de todas as épocas aprenderam que não é possível assaltar o bolso e explorar o trabalho de todos sem fabricar uma razão convincente. É essencial, portanto, inventar uma boa desculpa. Em bom português, é necessário fazer da maioria da população uma massa imbecilizada capaz de agir contra seus interesses mais diretos.

Esse é o problema da dominação pelo dinheiro visando sempre a ganhar mais dinheiro: ainda que a elite do dinheiro seja sem dúvida a mais importante, ela não exerce o poder social e político de modo direto. É fato que a elite do dinheiro pode comprar todas as outras elites, e é isso que a faz a "elite verdadeira", a que manda de fato em todas as situações. Todas as outras elites são no máximo parceiras menores ou subelites. Mas como a vida não gosta de ser tão simples, a influência do dinheiro nunca é direta. Ela tem que se dar sempre sob outro nome. É por isso que as demais elites – políticas, culturais, jurídicas e sociais – são fundamentais para que o dinheiro grande e a meia dúzia que o detém no Brasil possam mandar em tudo.

Como convencer a população de que os recursos e o trabalho suado dos 99% que não são endinheirados devem ir para o bolso do 1% mais rico? Como os verdadeiros "donos do Brasil" – a elite do dinheiro[8] – conseguem comprar o monopólio não só econômico, mas também cultural, social e político, de modo a legitimar a rapinagem sem peias e o assalto à riqueza coletiva? Em português claro: como se transformam pessoas inteligentes em imbecis capazes de agir contra si mesmos sem perceber?

A religião, no passado, e a ciência, nos dias de hoje, em sua versão dominante (ortodoxa), serviram e servem para justificar a riqueza e o poder de poucos sobre todo o resto. O que permitiu um efetivo desenvolvimento e evolução da religião antes e da ciência hoje, por outro lado, foi a crítica das heterodoxias religiosas e depois científicas às concepções dominantes. Os seres humanos aprendem, eventualmente, mas o fazem, quando o fazem, com altíssimo custo. É precisamente na encruzilhada dos aprendizados possíveis ou das chances perdidas que o Brasil de hoje se encontra.

Assim sendo, é fundamental saber de que modo a ciência dominante entre nós legitima a rapina econômica de uns poucos e confere, no mesmo movimento, o beneplácito para a manutenção da miséria e da humilhação de tantos. Assim como na manipulação religiosa do passado – que falava no "sangue azul" e na herança divina do poder dos reis absolutos –, a ciência servil de hoje fabrica e inventa recursos justificadores da dominação injusta como se estivesse fazendo o contrário. A religião legitimava o poder mais arbitrário como se estivesse "salvando a alma" dos fiéis. Do mesmo modo que os ricos e seus lacaios na mídia e no sistema judiciário do Brasil atual dizem estar comprometidos com a "limpeza moral do país", e não com encher mais ainda os próprios bolsos e os bolsos dos nossos endinheirados. Do mesmo modo, os intelectuais e pensadores mais festejados do Brasil tiram e tiravam onda de críticos quando apenas estavam e estão legitimando a dominação injusta de poucos.

Como tantos são iludidos por tão poucos? Ora, a complexidade do funcionamento da sociedade costuma ser um desafio intransponível para a maioria dos intelectuais e estudiosos, que dirá para os leigos. Cada qual cumpre sua função na sociedade, seja arrancar dentes, consertar carros ou atender clientes e compradores. Além de fazer seus trabalhos, as pessoas precisam dar sentidos às suas vidas, e parte importante desse sentido é conferida pela forma como nos vemos e nos representamos enquanto sociedade. Por conta disso, toda sociedade constrói um mito, ou seja, uma narrativa acerca do lugar de onde se vem, quem se é e para onde se vai. Nas sociedades modernas, esse mito é sempre um mito nacional.

É necessário, portanto, conhecer o mito nacional para se conhecer uma sociedade moderna, posto que é dessa forma que as pessoas se veem na relação com os outros em sociedade. O mito nacional é especialmente importante para que nós, brasileiros, possamos compreender de que modo a "mentira científica" dominante se traveste de crítica quando, na verdade, apenas defende o interesse dos endinheirados.

O mito nacional funciona como uma espécie de sociologia espontânea do senso comum. Um médico, um engenheiro, um advogado, um técnico em informática ou uma enfermeira, todas as profissões ao fim e ao cabo, têm que desenvolver um complexo aprendizado para o bom desempenho de suas funções específicas. Ninguém imagina, por exemplo, dar um palpite de leigo em uma intervenção cirúrgica. Pode-se matar alguém com isso. Mas todos dão palpite no modo como a sociedade funciona. Como todos participamos dela, ela nos dá a impressão de ser transparente e óbvia. Nada mais falso. A compreensão dos mecanismos da sociedade é tão difícil e complexa como uma operação neurológica. É como se fôssemos todos curandeiros falando de algo que não entendemos, mas cheios de certeza dos resultados. Os mitos nacionais são uma espécie de consolidação articulada desses palpites de leigos que ganham pela repetição e pretensa obviedade o estatuto de verdade prática. Assim, se vamos falar da sociedade de um ponto de vista crítico, temos que começar pela desconstrução da pretensa obviedade acerca do funcionamento da sociedade de acordo com o que constrói o mito nacional.

Assim como antes as narrativas religiosas explicavam o mundo, hoje são os mitos nacionais que o fazem. Tentam explicar o mundo complexo em que vivemos, tornando-o compreensível também para os não especialistas. A ênfase dos mitos nacionais não é a precisão teórica, dado que o objetivo dos mitos nacionais não diz respeito à verdade – uma paixão típica dos especialistas –, mas sim à necessidade afetiva e emocional de tornar o mundo compreensível e principalmente "aceitável" para a maioria de não especialistas. No melhor dos casos o mito nacional pode legitimar o mundo social de tal modo que garanta o sentimento de solidariedade – para além das divisões de classe e de região –, necessário aos grandes projetos nacionais.

O mito, portanto, possui um núcleo pragmático, posto que seu critério de sucesso não é valorativo – como a procura do valor "verdade" pela ciência –, mas sim de eficácia real no mundo social que compartilhamos. Nesse sentido, o mito precisa ser agradável de algum modo aos seus destinatários. O mito americano de "povo escolhido" por Deus, na verdade uma nova versão da narrativa religiosa judaica, leva essa necessidade de agradar seus destinatários ao máximo, explicando a extraordinária penetração do mito americano na população daquele país. O caso brasileiro foi bem mais complicado, devido à baixa autoestima que sempre caracterizou o país.

Se o mundo social é regido por interesses materiais e ideais e pela apropriação – positiva ou negativamente privilegiada – destes pelos diversos segmentos e classes sociais, essa apropriação precisa ser "legitimada". Minha tese é a de que a legitimação da patologicamente desigual e perversa sociedade brasileira foi resultado, em boa medida, do trabalho das "vacas sagradas" que forjaram o pensamento social e político brasileiro. Esse ponto é decisivo, dado que sem legitimação adequada não existe dominação social injusta.

Sem o trabalho desses intelectuais que se querem críticos, não teríamos um país tão malconhecido, possivelmente não tão perverso e desigual, e certamente não teríamos os infames juízes justiceiros de hoje nem um público tão imbecilizado. Por isso compreender o mito nacional e sua função social de legitimação do privilégio injusto é tão importante. O mito brasileiro do "homem emotivo", ambiguamente positivo, foi sistematizado por Gilberto Freyre e depois modificado e distorcido por Sérgio Buarque em sua versão do "homem cordial", negativo e sem nenhuma ambiguidade. Foi a visão de Buarque que venceu a contenda e se tornou a autoimagem oficial do Brasil, da direita à esquerda do espectro político, vigorando até hoje.

O fio condutor do trabalho de Gilberto Freyre foi construir uma autoimagem positiva do Brasil e dos brasileiros. Em boa medida essa imagem foi bem-sucedida. Se tivermos em mente que antes dele o Brasil era percebido em termos abertamente racistas e apenas negativo, como uma terra de mulatos sem vigor e sem virtudes, a mudança operada por ele foi fundamental. Gilberto percebeu a importância da sombra gigantesca dos Estados Unidos e de sua extraordinária pujança econômica e social sobre um país com características morfológicas e históricas semelhantes às dos EUA. O Brasil e seus intelectuais nunca se compararam ao México ou à Argentina, mas sempre, e de modo obsessivo, com os EUA. E sempre se viram derrotados e desesperançados. A comparação empírica com o óbvio sucesso americano dava razão ao racismo "científico".

Como criar uma autoimagem minimamente positiva em contexto tão adverso? Freyre percebeu a importância de incorporar ao mito brasileiro uma crítica ao modelo social americano que permitisse a percepção de "virtudes brasileiras" de modo que uma autopercepção positiva do país fosse possível. Repetindo o que dissemos antes: a questão aqui é prática, e não teórica. Não se tratava da opção entre verdadeiro ou falso, como na ciência. Tratava-se de conferir uma possibilidade de orgulho nacional que por sua vez permitisse cimentar uma solidariedade nacional, que o país – então em profunda transformação sob Getúlio Vargas – tanto necessitava.

Freyre descobriu isso – daí sua genialidade – na noção que permitia transformar o mulato de lata de lixo da história em virtude nacional, precisamente em oposição aos EUA. Para isso Freyre constrói a história do Brasil como prolongamento de Portugal representando "valores culturais" em oposição aos EUA. A suposta cultura luso-brasileira seria a cultura da mistura e, mais ainda, do "congraçamento entre as raças e culturas"[9] que a comporiam. Ficava clara a oposição com a segregação racial americana – à época ainda muito maior que hoje em dia. Essa ideia permitia que Freyre usasse o "calcanhar de Aquiles" da sociedade americana, a sua segregação racial aberta e legalizada, para construir uma suposta virtude brasileira por oposição ao racismo americano.

Todas as virtudes do mito brasileiro advêm dessa oposição, já que nas outras áreas perdíamos sempre de nosso eterno êmulo. Assim, nosso mito foi construído tendo como núcleo o tema do encontro cultural/racial. Daí sermos "hospitaleiros", "abertos", "emotivos" e "sexualizados" – atributos que são pressupostos na inclinação à suposta abertura cultural/racial. Como já dito, não importa se o mito é verdadeiro ou não; o que importa é que as pessoas acreditam nele. Por conta disso, temos um dos mitos nacionais mais eficazes e de maior penetração social.[10]

Assim, pessoas que nunca leram Gilberto Freyre, ou nem mesmo ouviram seu nome, pensam a si mesmas como brasileiros do mesmo modo que Freyre nos pintou. É assim que as ideias ganham o coração e a mente das pessoas comuns: ensinadas nas escolas, nas universidades, repetidas nos botecos em todas as esquinas e reproduzidas em todos os jornais. Nesse caso, elas nos parecem tão "naturais" quanto a chuva ou o nascer do sol. Nós nos esquecemos de que elas são um produto "cultural" com um objetivo preciso e não refletimos mais sobre elas. Aí mora o perigo. Elas nos parecem verdades objetivas para além de qualquer dúvida. São ideias naturalizadas, posto que não se reflete mais sobre elas, deixando-nos a falsa impressão de que já sabemos como a sociedade funciona. Trata-se de um conhecimento sem esforço, como aquele que nos faz respirar ou andar. Por isso, para recuperarmos nossa inteligência, é decisivo exercitar a humildade, reconhecer que não sabemos o que imaginamos saber sobre a sociedade. Por isso, também, é decisivo conhecer os pressupostos não refletidos do mito nacional brasileiro para que possamos reconstruir uma compreensão do Brasil mais próxima da verdade.

Um aspecto nunca discutido de nosso mito nacional é seu pressuposto racista, de que existem culturas superiores e inferiores, do mesmo modo que existiam "raças" antes tidas como superiores e inferiores. Na verdade, as culturas passaram a substituir o racismo, usando para isso outros termos, uma vez que começou a "pegar mal" inferiorizar "raças". Mas a função racista de separar ontologicamente o supostamente superior do inferior, de modo automático e sem reflexão, agora com o nome de "cultura", foi preservada. Nesse sentido, o leitor pode notar que o mito nacional brasileiro, apesar de todo o esforço de Freyre de lhe atribuir um sentido positivo, levando-o inclusive a exageros de imaginar uma ciência tropical com critérios próprios, é extremamente ambíguo. E isso porque nem Freyre nem nenhum de nossos pensadores depois dele jamais atentou para o aspecto mais importante da ciência verdadeira, que é se conscientizar e problematizar os pressupostos do discurso científico. Na verdade, por baixo de tudo que é produzido como ciência, tanto entre nós quanto lá fora, existe um racismo cultural jamais discutido e explicitado pelos cientistas; um racismo que se manifesta na divisão entre "culturas do espírito" e "culturas do corpo".

Na verdade dividimos todo o mundo social em hierarquias invisíveis, ou seja, sem jamais atentarmos para isso, comandadas pela oposição corpo/espírito. Senão vejamos: na vida social, separamos o tempo todo, quer tenhamos consciência disso ou não, as classes do espírito e do conhecimento, que são as classes superiores, das classes do corpo, do trabalho manual, que são as classes inferiores. O espírito diviniza os homens e mulheres, e o corpo os animaliza. A solidariedade entre as classes do privilégio se dá pela legitimação dessa aura de superioridade conferida pelo espírito e pelo conhecimento. Assim, consumir vinhos raros, roupas bem-cortadas, ter acesso a bens culturais e poder fruí-los passa a ser uma espécie de justificação do privilégio como merecimento de espíritos sensíveis. Do mesmo modo, o preconceito com as classes populares se funda na sua pretensa animalidade na forma de comer e se comportar.

A mesma oposição inconsciente permite também, por exemplo, separar o branco, percebido como repositório das virtudes espirituais, e, por exemplo, o negro visto como corpo, atlético e sexualizado. O mesmo ocorre entre os homens – que são supostamente superiores, posto que representam o espírito, o intelecto distanciado – e as mulheres, que supostamente são inferiores, posto que representam o corpo, o afeto, a sexualidade etc. Os efeitos práticos dessa hierarquia opaca são tremendos. Das quinhentas maiores empresas do mundo, só para citar um exemplo, 492 são comandadas por homens. A hierarquia é opaca, mas seus efeitos práticos são muito visíveis e palpáveis.

Essa oposição entre o corpo e o espírito é o pano de fundo não percebido de todas as oposições sociais no ocidente. Não só as hierarquias das classes sociais ou de gênero, mas também as hierarquias que existem nas culturas remetem a esse mesmo ponto central. Assim, existiriam também as culturas supostamente superiores do espírito, ou seja, do intelecto, da reflexão e da moralidade, e as culturas supostamente inferiores do corpo, ou seja, da sexualidade e do afeto irrefletido e amoral. Desse modo, se os EUA e a Europa são percebidos como culturas do espírito, o Brasil, a América Latina e a África, além de grande parte da Ásia, são, por sua vez, percebidos como culturas do corpo e, portanto, inferiores.

O problema com essas hierarquias inconscientes é que não temos defesa em relação a elas. De certo modo nascemos com elas, já que elas são repetidas desde tenra idade e nos são ensinadas nas escolas. Achamos que fazem parte do mundo como ele é. Isso nos faz ter deferência, respeito e admiração automática por certas classes sociais, gêneros ou culturas nacionais particulares, enquanto somos levados a sentir desprezo irrefletido por outras. O que antes se fazia com a raça hoje se faz simplesmente trocando-se "raça" por "cultura", mantendo-se na cultura o mesmo sentido infenso à transformação e ao aprendizado que a raça já tinha. Muda-se o termo, mas o racismo – desta vez, cultural – continua. O engano, portanto, é o mesmo: parte-se da superioridade inata de alguns e da inferioridade existente desde sempre de outros. É a pseudociência legitimando todo tipo de poder fático que existe.

No caso brasileiro, nem Freyre nem ninguém até hoje havia percebido esse aspecto decisivo e fundamental: que o próprio discurso científico mundial compartilha um racismo cultural – que separa tradições culturais por critérios ontológicos implícitos sem nenhuma base científica –, contaminando todas as suas conclusões e conceitos. Nossos intelectuais mais colonizados estão convencidos de que nos EUA, por exemplo, existiriam confiança interpessoal, *accountability* governamental, de que não existiria corrupção sistêmica, nem patrimonialismo, nem a privatização do Estado por poucos. E, finalmente, de que (santa ingenuidade!) o protestantismo ascético vigoraria até hoje. Em resumo, os EUA seriam o espírito encarnado, como exemplo de intelecto e moralidade distanciada.

Na verdade, esse "racismo científico" contamina em graus diversos toda a produção sociológica, seja nacional ou internacional.[11] É isso que explica o fato de Freyre ter realizado todo tipo de contorcionismo para encontrar alguma virtude em uma cultura percebida, pelo racismo implícito e inarticulado que comanda pré-reflexivamente todas as nossas ideias sobre o mundo, como viciosa.

O que importa para nossos propósitos aqui é, no entanto, a releitura do mito nacional freyriano realizada por Sérgio Buarque de Holanda em seu clássico *As raízes do Brasil*.[12] Afinal, vem de Buarque a interpretação dominante até hoje do nosso mito nacional. Todas as ideias centrais de Buarque vêm de Freyre, inclusive a noção central de homem cordial. Ou seja, o intelectual tido como pioneiro da ciência social "séria" e "científica" entre nós – ainda lido e debatido em todas as nossas universidades como referência fundamental – retira acriticamente os elementos de um mito, sem compromisso com a verdade, para fundar a ciência social até hoje dominante no Brasil. Belo começo para uma "ciência" rigorosa. O que confere toda a atualidade deste acerto de contas com Buarque é que ele não apenas engole o racismo científico sem crítica alguma, mas interpreta o nosso vício como uma tendência inata à corrupção. A corrupção começa a se tornar com ele uma espécie de jabuticaba cultural brasileira.

Ao definir o homem cordial, literalmente o "homem do coração", como o protótipo do brasileiro de todas as classes, retirando dele as ambiguidades freyrianas da emotividade, como proximidade e abertura cultural, e ao defini-lo apenas negativamente, Buarque cria os fundamentos da ciência conservadora do Brasil moderno que se vende com ares de crítica. Essa é a marca central da ciência social dominante no Brasil. Ela é produto do que há de mais preconceituoso, conservador e superficial. Buarque apenas repete o racismo científico nunca discutido dessas noções que parecem críticas, quando nada mais são que produtos do pior racismo e preconceito. Quando Buarque diz que o brasileiro é o homem cordial, prisioneiro das próprias emoções, ele supõe que exista um outro tipo de gente que teria se libertado dessa prisão. É aqui que mora todo o racismo, toda a ingenuidade e toda a admiração basbaque do brasileiro com complexo de vira-lata em relação ao estrangeiro visto como superior.

Esse estrangeiro superior e livre da prisão dos afetos animais é para ele (e para 90% dos brasileiros ingênuos até hoje) o americano percebido como racional e incorruptível. O raciocínio básico de Buarque, em resumo, é o seguinte: o homem emotivo brasileiro (como se tal generalização fosse possível), ao dividir o mundo entre amigos e inimigos, se afasta da lei e da noção de cidadania, corrompendo o exercício impessoal e republicano não só da política, mas também do mercado. A pressuposição de Buarque é que existe esse americano (ou qualquer tipo social em qualquer sociedade conhecida) que não divide o mundo a partir de suas preferências pessoais, sejam elas conscientes ou não. É como se um filho de senador ou grande empresário nos Estados Unidos (ou em qualquer outro lugar) não tivesse todo tipo de facilidades para vencer na vida e o "jeitinho" do capital social que garante a reprodução de privilégios fosse uma jabuticaba brasileira. Só é possível acreditar em uma bobagem dessas quando se internalizou fundo na alma servil que se é vira-lata, ou seja, moralmente inferior, burro e inconfiável, e que existem outro seres que são de raça, ou seja, moralmente superiores, inteligentes e confiáveis.

Mas Buarque não cria apenas a sociologia oficial do vira-lata brasileiro. Ele cria também a política oficial do vira-lata tupiniquim. É que o homem cordial dominado por seus afetos animais é refletido e duplicado na noção de "Estado patrimonial". Habitaria este Estado uma elite que vampirizaria a sociedade e se comportaria exatamente como o homem cordial faz com os outros na vida social. Homem cordial e Estado patrimonial se transformam paulatinamente na versão oficial, supostamente crítica, da sociedade brasileira sobre si mesma. Depois dele, praticamente todos os grandes pensadores pátrios vão repetir, no todo ou em parte, esse raciocínio.

Imbuídas da marca do prestígio científico – não esqueçamos: é a ciência quem diz, hoje em dia, o que é verdadeiro ou falso, e o que é certo ou errado –, essas ideias vão tomar o mundo. E as ideias dominantes ganham o mundo sempre de modo semelhante. Elas se associam a interesses econômicos e políticos poderosos e passam a ser ensinadas em escolas e universidades, formando as elites do capital cultural que depois exercem as funções centrais para a reprodução dos privilégios. São essas as ideias dominantes que estarão na mente de quem julga sentenças, de quem escreve nos jornais, de quem faz a cabeça da sociedade como formadores de opinião. Nenhuma dessas pessoas – fundamentais para a forma como uma sociedade se imagina e se pensa – cria ideias. Elas podem ter ênfases pessoais de um aspecto ou outro, mas a criação das ideias centrais por meio das quais a sociedade inteira se interpreta é sempre, nas sociedades modernas, produto de especialistas e intelectuais como Freyre e Buarque.

Por conta disso o debate de ideias é tão importante: para que percebamos como se dá a legitimação do mundo e dos interesses que estão ganhando e que desejam se reproduzir eternamente. O exemplo de Buarque é perfeito. Ao demonizar o Estado patrimonial, ele abre caminho para o endeusamento do mercado como reino de todas as virtudes. Esse endeusamento se dá pela oposição binária com o balaio de maldades representado pelo Estado. O mercado passa a ser, em todos os epígonos de Buarque – ou seja, para cerca de 90% da inteligência nacional – a liberdade democrática, o empreendedorismo, a coragem do risco como a verdadeira fonte criativa e pulsante da sociedade. Passa a ser, precisamente, tudo aquilo, como veremos mais à frente, que ele jamais foi no Brasil.

Foi desse modo que se deu, com o prestígio da ciência, a justificação da elite do dinheiro brasileira. Para além da justificação mais geral do capitalismo como um todo, que celebra a suposta maior racionalidade do capitalismo moderno, desenvolvemos entre nós uma sociologia vira-lata para expressar nosso complexo de vira-latas.[13] Supomos que em outros lugares as pessoas não confundem o público e o privado, são honestas, interessadas no bem público etc. Existe toda uma admiração basbaque pelas "raças superiores" cujo núcleo é uma demonização do Estado enquanto tal e a divinização do mercado também enquanto tal. Imagina-se, erroneamente, que os Estados Unidos foram construídos pela "espontaneidade do mercado" e que por isso são tão livres e maravilhosos.

Literalmente todos os mercados capitalistas que lograram dinamismo o fizeram com a ajuda decisiva do Estado, inclusive nos Estados Unidos.[14] De fato, Estado e mercado são inseparáveis. Não existe mercado dinâmico sem a infraestrutura material e simbólica do Estado, que garante todos os pressupostos da atividade econômica, mas também zela pela segurança contratual por meio do aparato judiciário e policial. Por sua vez, não existe atividade estatal possível sem os impostos produzidos pelo mercado e pela atividade econômica. O entrelaçamento é total. Qualquer separação é meramente analítica, para fins de compreensão da própria interdependência. Então por que dramatizar um conflito inexistente?

É que a dramatização da oposição entre mercado e Estado na verdade é a semântica possível para uma luta de classes tão reprimida no Brasil como o medo da morte. O controle do Estado e do seu orçamento é central, seja para a distribuição de riquezas, seja para seu controle pela meia dúzia de endinheirados que comandam grandes bancos e corporações. Por isso a luta pelo Estado é tão central. A pecha de Estado patrimonial – e, portanto, corrupto – serve para dois propósitos básicos: tornar invisível a corrupção legal e ilegal no mercado dominado pela elite do dinheiro e permitir a deslegitimação de todo governo comprometido com o uso do orçamento público para a maioria da população.

Até bem pouco tempo atrás, apenas o servidor público podia ser acusado de corrupção. Isso demonstra o caráter seletivo e arbitrário da própria noção de corrupção. Mostra também como essa noção, precisamente por não ter nenhum sentido preciso, passa a poder ser usada ao sabor das conjunturas contra o inimigo político de ocasião: no caso brasileiro, sempre quando ocorre o uso do Estado para a maioria, e não para uma ínfima minoria que tudo controla. O que Sérgio Buarque construiu, e que Raimundo Faoro, Fernando Henrique Cardoso, Roberto DaMatta e tantos outros continuaram, foi uma tradição liberal conservadora que se vende como crítica e por conta disso tornou-se dominante, colonizando inclusive a esquerda.

Como a demonização do Estado – principalmente com a republicação de *Os donos do poder*[15], de Raimundo Faoro, em 1975 – permitiu a construção de um discurso conjuntural contra o autoritarismo da ditadura militar, a esquerda encampou essa tese como discurso próprio. Boa parte do republicanismo ingênuo da esquerda no poder, por exemplo, reforçando o corporativismo da "casta jurídica" quando imagina que contribui para uma justiça republicana, advém dessa incompreensão e da ausência de um discurso alternativo acerca de que tipo de Estado se deseja. Sempre se imaginou que bastava um plano econômico redistributivo, sem que uma reflexão aprofundada sobre o Estado em suas diversas dimensões fosse levada a cabo. Como se sabe, a conta para essa ingenuidade veio salgada.

Para a direita, que hoje passa a se assumir enquanto tal, por sua vez, esse discurso dominante permitiu atribuir prestígio científico a toda estratégia de privatização e captura do Estado. Essa captura do Estado pela elite do dinheiro é a corrupção real e verdadeira, mas não é percebida enquanto tal, seja pela maioria da inteligência nacional ou pela imprensa comprada e sócia na rapina. Este discurso, que só desfruta de autoridade porque emana a aura do "prestígio da ciência", é também o discurso por trás de toda estratégia de eliminação golpista do inimigo de classe quando, eventualmente, é alçado ao poder. O teatro construído aqui se destina a mostrar que a privatização do Estado – a confusão do público com o privado – é obra de quem serve ao Estado.

Como a real captura e a privatização do Estado se dão pelas forças do mercado – via Congresso e imprensa comprados ou por pressão econômica –, tanto para se apropriar do orçamento do Estado quanto para a aprovação de leis de interesse do capital, a demonização do Estado permite tornar esse processo literalmente invisível. Como o mercado é visto como reino de todas as virtudes, como liberdade, empreendedorismo, aventura e risco – ou seja, tudo que os capitalistas brasileiros nunca tiveram –, a farsa se completa. A distorção e a inversão do mundo como ele é se tornam perfeitas. A imprensa apenas reproduz os preconceitos de uma visão de mundo que está incorporada de modo acrítico em jornalistas, professores, juízes, economistas e engenheiros, que aprenderam em todos os cursos de todas as universidades a perceber o Brasil por olhos tão distorcidos. Sem o trabalho prévio dos intelectuais como Buarque, o tema da corrupção apenas do Estado e apenas da esquerda jamais teria tido a penetração e o prestígio que desfrutou e desfruta até hoje.

Nosso berço é a escravidão (e não Portugal), e a nossa elite é a da rapina de curto prazo, e não do projeto nacional

Vimos anteriormente que o conto de fadas para adultos da suposta herança portuguesa maldita e da corrupção como dado cultural e histórico apenas do Estado não é uma história neutra e sem intenções políticas. Veremos adiante que o casuísmo golpista de hoje deixa de demonizar o Estado para demonizar apenas o poder executivo – afinal, o Congresso foi comprado em grande medida e o poder judiciário funciona como partido corporativo para manter suas regalias e privilégios. A vantagem das épocas de crise é que a fraude e a mentira ficam expostas para qualquer pessoa na qual tenham ainda sobrado dois neurônios depois de anos a fio do bombardeio diário de veneno midiático.

Mas se não viemos de Portugal, de onde viemos, então? Como os seres humanos se comportam de acordo com os estímulos institucionais de prêmio e castigo, temos então de perceber qual ou quais instituições foram aqui implantadas e de que modo elas nos moldaram. Perceber a eficácia institucional é fácil. Todo mundo teve uma família e foi disciplinado nesse contexto. Na família a obediência é premiada com carinho, aprovação ou presentes, e a desobediência é combatida com castigos não obrigatoriamente físicos. Na escola o padrão pouco muda. No mundo do trabalho, a relação se torna mais impessoal, mas reproduz basicamente o mesmo esquema.

Se compreendermos isso nós compreenderemos, em grande medida, como a sociedade funciona. Os pensadores pioneiros e mais importantes de nossa ciência social dominante não o compreendiam e, portanto, falsearam sistematicamente nossa história. É que a instituição básica da história brasileira foi a escravidão, que não existia em Portugal (a não ser de modo muito tópico e passageiro). Como afirmar nossa continuidade com os portugueses se fomos moldados por uma prática diária diametralmente oposta? Em Portugal a Igreja Católica era muito importante, sendo inclusive instância de recursos judiciais – o famoso "vou reclamar com o bispo" –, muito especialmente quando poderosos estavam envolvidos. Aqui, o capelão era funcionário sem formação religiosa da casa grande e não raro possuía seu pequeno harém de mucamas.

A tese da continuidade com Portugal só serve para montar uma caricatura em que a corrupção e o estatismo já viriam por vínculos culturais há séculos desde o Portugal medieval até nós. É caricatural porque só se pode falar de corrupção a partir da noção, muito mais tardia, de soberania popular – segundo a qual a fonte do poder é o povo e que as riquezas do país são públicas. É como aqueles filmes com cenas românticas vividas por figuras históricas da antiguidade e do medievo, enquanto o romantismo e suas formas de corte entre os sexos surgiram apenas no século XVIII. Raimundo Faoro[16] comete esse engano pueril e todos acreditam apenas porque o que importa nessa narrativa é o efeito político, embora seu compromisso com a verdade seja nulo.

No Brasil, todas as instituições – e não apenas a justiça – foram moldadas pela escravidão. A família ampliada envolvia, como se sabe, a mulher branca e várias concubinas negras que competiam pelos favores do senhor e de sua família. Os filhos mulatos do senhor competiam muitas vezes com os filhos legítimos e os senhores tinham poderes ilimitados, tendo permissão para matar filhos ou mandar a esposa para um asilo, caso quisessem se casar com uma mulher mais jovem. A família era, portanto, escravocrata e refletia o poder sem limites do senhor de terra e gente.[17]

A economia e a política também obedeciam ao mesmo princípio. Os "homens livres", que chegaram a ser mais numerosos que os escravos no século XIX, eram livres só na aparência.[18] Como a economia era comandada pela lógica escravocrata das grandes plantações, os homens livres empobrecidos eram muito frequentemente o braço armado do senhor de escravos. Eram eles que faziam a justiça com as próprias mãos em nome do senhor, e que ampliavam as terras de modo violento – como, aliás, acontece até hoje. A economia, a política e a justiça estavam nas mãos dos grandes senhores. Valia a lei do mais forte, a lei do mais rico, que é até hoje a verdadeira lei do Brasil.

A elite escravocrata é a elite da rapina selvagem e de curto prazo. Vigora a mesma lei do Brasil atual, com uma elite sem projeto para o país, mas querendo assalta-lo – por meio de mecanismos de mercado e de Estado – e privatizar suas riquezas – para botar no bolso de meia dúzia. É isso, afinal, que a privatização sempre representou. Alguma diferença real? Nunca houve verdadeiro aprendizado dessas nossas elites espoliadoras. Existe um vínculo de continuidade real e institucionalizado que faz com que qualquer tentativa – mesmo parcial e frágil, como as que ocorreram até agora – de romper nosso apartheid de classes desemboque em golpes de Estado e reação violenta das elites da rapina selvagem.

É o mesmo desde Getúlio Vargas, que desabafava com sua filha sobre a dificuldade de convencer os empresários brasileiros da necessidade de uma legislação que protegesse os trabalhadores para evitar revoluções mais radicais. "Eu quero salvá-los e esses burros não percebem", disse ele, segundo seu melhor biógrafo.[19] Desde então qualquer governo ou partido reformador tenta, sem sucesso, construir alianças com uma parte da classe dos proprietários. A "esquerda" brasileira sempre sonhou com a "boa burguesia" e acordou com o pesadelo do Estado de exceção. A "boa burguesia" foi sempre a burguesia industrial, ou seja, a fração das classes proprietárias que em tese teria muito a ganhar com um mercado interno forte e saudável. Afinal, com bons salários para os trabalhadores ela poderia vender muito em um mercado interno protegido para seus bens. Em tese, seria possível uma aliança nacionalista para dinamizar o país e elevar o patamar de compra de todos, assim como a taxa de lucro dos empresários. Nas três décadas que transcorreram entre Getúlio e o golpe de 1964, essa foi a ilusão maior da esquerda nacionalista brasileira.

O golpe de 1964 veio dar um banho de realidade nessas expectativas. O país se modernizou para poucos e construiu um mercado interno bem menor do que se imaginava, literalmente para 20% da população. Foi o golpe que construiu a classe média moderna brasileira, o país para 20%, e que forjou o mercado superfaturado para a elite da rapinagem secular. Se não teríamos o mercado dinâmico para a maioria que a esquerda sonhava, teríamos então um mercado para poucos com uma taxa de lucro muitas vezes maior que em outros lugares. Um mercado "protegido" da concorrência internacional não para aumentar sua produtividade, mas para garantir superlucros à elite econômica predatória que sempre pensou apenas no próprio bolso e no lucro de curto prazo.

O namoro entre militares e elite econômica passou a enfrentar problemas quando, no governo Geisel, houve a tentativa ambiciosa de criar uma forte infraestrutura industrial, muitas vezes baseada – ainda que o capital privado fosse sempre bem-vindo – no capital de empresas controladas pelo Estado. Ernesto Geisel era um remanescente e representante do histórico "nacionalismo" das forças armadas que a tinha feito aliada e abastecedora da esquerda brasileira na primeira metade do século XX. A propaganda anticomunista do pós-guerra articulada pelos EUA na escola superior de guerra é forte o bastante para quebrar o vínculo com a esquerda, mas não com o "nacionalismo" no sentido da construção de um país economicamente forte e pujante. O II PND (Plano Nacional de Desenvolvimento) era muito mais articulado e refletido que o anterior e implicava forte intervenção estatal nas áreas de infraestrutura como produção de energia, sistemas de telefonia, portos, produção naval etc.

E é precisamente aí, como reação ao plano de fortalecimento do capitalismo nacional do governo Geisel, que começa o amor repentino da elite do dinheiro brasileira pela democracia.[20] Não era esse, afinal, o jogo imaginado pela elite endinheirada quando apoiou o golpe de 1964, utilizando para isso seus braços no Congresso e na imprensa. A elite que mandava e manda no país pensa apenas no máximo de dinheiro no prazo mais curto possível. O próprio ato de pensar em longo prazo exige a consideração do destino de outros parceiros no jogo político, o que por sua vez demanda identidade afetiva e moral com outras classes. E exige de algum modo, portanto, certa impessoalidade de propósitos.

Um projeto de longo prazo para o país foi algo que a elite do dinheiro jamais teve. Para que haja compreensão da necessidade de tal projeto é necessária alguma forma de identificação afetiva das elites econômicas com o destino do conjunto da nação. Isso jamais aconteceu no Brasil. Todas as escolhas históricas das elites econômicas se deram no sentido de garantir as condições de máxima lucratividade de curto prazo sem qualquer consideração por qualquer outra variável. Essa indiferença afetiva é típica das elites extrativas e escravocratas (afinal, os outros nem "gente" são), mesmo que essa miopia de curto prazo reduza as chances de longo prazo para construção de um mercado pujante e rico.

Na reação ao governo Geisel, o objetivo foi destruir o mero fortalecimento do Estado como indutor de políticas de longo prazo, ainda que a entrada de capital privado fosse muito bem-vinda. A imprensa conservadora, sócia de todo saque, passou a demonizar o governo Geisel com reportagens sobre "as repúblicas socialistas soviéticas do Brasil", como se a construção de uma infraestrutura potente fosse sinônimo de comunismo. Tudo no mesmo sentido das acusações atuais de "bolivarianismo" e "chavismo" – termos destinados a fechar o horizonte reflexivo com chavões e caricaturas que nada significam, mas que produzem arregimentação afetiva e infantilizada para polarizações políticas de ocasião. O sempre atento Luiz Carlos Bresser-Pereira já observava, em artigo escrito no calor da hora, o aparecimento da reação empresarial sob a forma de um antiestatismo aberto que ainda não se assumia como antigoverno.[21]

O contexto das "Diretas Já", com o apoio da mesma elite econômica e da mesma imprensa, sua sócia e irmã siamesa, que antes havia apoiado o golpe de 1964, já permite depreender que o fito da "rapina do Estado" é o mote e fio condutor de todos os golpes. Se ela se dá em nome do autoritarismo ou da democracia, é algo que diz respeito a mero cálculo conjuntural. Já naquela ocasião poderíamos e deveríamos ter feito esse aprendizado. Mas no Brasil o esquecimento é necessário para que a história se repita sempre do mesmo modo. Nossa anistia de então foi mais uma "anistia do esquecimento", no mesmo sentido da queima dos papéis da escravidão por Rui Barbosa: para que jamais saibamos quem somos e a quem obedecemos.

O resultado mais óbvio desse processo de rapinagem míope foi uma indústria sucateada, sem estímulo à inovação e sem acesso aos ganhos de produtividade que só a real competição pode propiciar. O período de "privataria" do governo FHC aproveitou esse estado de coisas para promover o discurso da "abertura da economia" e da supostamente necessária "privatização", com a promessa de uma economia dinâmica e de produtos modernos e acessíveis a todos. Aqui entram em cena aspectos obscuros envolvendo conluios entre investidores nacionais e estrangeiros de modo a "privatizar", ou seja, embolsar a riqueza nacional e o acesso a um mercado cativo que foi bom apenas para a elite da rapinagem, como diversos autores tentaram descrever.[22]

A imprensa conservadora cantou em prosa e verso as maravilhas de vender a riqueza acumulada por gerações de brasileiros a preço de banana para o bolso da meia dúzia de sempre. Em conversa com Luiz Carlos Mendonça de Barros, seu auxiliar próximo, FHC chegou a brincar dizendo que o pessoal (a imprensa "amiga") estaria até exagerando na mão na propaganda da privataria.[23] De qualquer modo, o melhor serviço prometido aos consumidores permanece como engodo até hoje. Afinal, os serviços privatizados são campeões em reclamações, como na telefonia, além de invariavelmente caros e ruins em qualquer balanço comparativo com outros países. A ressaca da privataria com dinheiro público do BNDES e da farra rentista, drenando recursos de todos para a meia dúzia de aves de rapina que compõem a elite do dinheiro, levou à nova possibilidade de acesso de um partido ligado a movimentos populares ao poder. Havia ficado óbvio, afinal, que as políticas liberais só interessavam a esses poucos plutocratas.

O governo Lula, com conjuntura externa favorável, inaugurou o maior período de crescimento e de otimismo em relação ao país, em período democrático, desde Juscelino Kubitschek. Lula adotou uma política de compromisso segundo a qual todos os segmentos sociais auferiam ganhos significativos, muito especialmente os que se situavam nos extremos da sociedade: os muito ricos e os muito pobres. A novidade histórica para nós era a fidelidade política dos excluídos brasileiros, que chamamos provocativamente de "a ralé brasileira" em trabalho empírico sobre esta classe.[24] Pela primeira vez, eles votaram na esquerda.[25]

Programas sociais bem desenhados e efetivados, como o Bolsa Família, não só ajudaram a dinamizar a economia como um todo em regiões secularmente esquecidas como o Norte e o Nordeste, mas também foram responsáveis por uma significativa mudança política. Os famosos grotões do Nordeste, antes redutos de partidos conservadores como o antigo PFL, operaram uma guinada histórica em favor do maior líder carismático da história brasileira desde Getúlio Vargas. Essa novidade mudou a política brasileira radicalmente e instaurou a possibilidade real de continuidade no poder do Partido dos Trabalhadores. A partir de 2006, um claro recorte de classes dividiu o voto e as opiniões dos brasileiros em duas fatias: a classe média votava nos partidos da elite, e as classes populares, mais numerosas, votavam no PT.

A discussão sobre partidos da elite no Brasil deve ser feita *cum grano salis*. Ainda que o PSDB tenha efetiva penetração nos meios empresariais e na classe média paulista e paulistana, ele é fraco nacionalmente. E excetuando-se esse partido, as outras agremiações são "ajuntamentos" de interesses muitas vezes contraditórios representando *lobbies* empresariais ou o mero assalto ao Estado a partir da chantagem partidária que o nosso presidencialismo de coalizão possibilita. Com isso, temos um cenário em que o PSDB é regionalizado demais, enquanto os outros partidos de elite, até mesmo para cumprir seu papel de representação empresarial e de assalto ao Estado, são incapazes de produzir um discurso minimamente coerente que os permita assumir o papel de protagonistas no jogo político. Desse modo se explica o papel secundário do PMDB, que, para cumprir sua função de lobista empresarial e de aproveitador dos recursos do Estado – na zona cinzenta entre legalidade e ilegalidade –, tem que funcionar como coadjuvante do partido que ocupa o poder executivo.

A inexistência de um projeto nacional nos partidos de elite reflete aspectos mais profundos da sociedade brasileira. A elite econômica não possui um "projeto de sociedade" que um partido possa viabilizar ou do qual seja o porta-voz. O PSDB, sob a batuta de FHC, ainda tinha o discurso palpável de reorganização do capitalismo protegido, que foi paulatinamente sucateado nos anos 1970 e 1980.

No primeiro governo FHC o projeto de saneamento da economia, o sucesso do Plano Real e do controle da inflação, associados às taxas de remuneração únicas no mundo via taxa Selic, em nome do interesse do rentismo, permitiram ampla popularidade pela primeira vez na história do Brasil para um partido elitista. Só mesmo o mais completo desprezo pela sorte dos mais pobres, associado à cegueira política que pensava bastar o controle da inflação para ganhar o apoio da população, impediu o desenvolvimento de qualquer política social consequente de modo a consolidar um projeto partidário de longo prazo. Isso minou o futuro do PSDB como um partido de elite com penetração popular.

A cegueira política do PSDB – reflexo do desprezo secular da elite brasileira pela maioria pobre – abriu espaço à conquista pelo voto do poder de Estado pelo PT em 2002. Desde o começo do governo, o partido procurou, gato escaldado de frustrações anteriores, uma política de conciliação e compromisso com os donos do dinheiro. Ao mesmo tempo procurou garantir o apoio dos setores mais pobres com políticas de transferência de renda e de apoio à economia popular, como a valorização do salário mínimo. A fórmula de apoio ao rentismo das classes proprietárias, enquanto desenvolvia mecanismos para garantir ganhos reais na base da pirâmide, foi a diretriz política desse período. E seu sucesso permitia antever longa duração no poder. Ainda que de bolso cheio, a elite endinheirada e seus representantes desconfiaram – uma desconfiança de classe – do arranjo político que começava a ganhar corpo.

Foi nesse contexto que entrou a grande imprensa conservadora, agindo abertamente como uma espécie de partido político da elite do dinheiro. As poucas famílias que controlam a grande mídia brasileira sempre tiveram papel político decisivo para legitimar os arranjos oligárquicos de ocasião. Seja no dia a dia, testando as possibilidades de mitigação e reversão de políticas específicas, seja escandalizando e "fulanizando" temas e crises eventuais. Assim como no caso do suicídio de Getúlio e do golpe articulado contra Jango em 1964, uma ampla e profunda campanha de desinformação, distorção e manipulação do tema da "corrupção seletiva" acompanhou a tentativa de destituir o PT do poder já em 2006. O Mensalão de 2005 foi um ensaio geral para o que aconteceria anos depois na Lava Jato e no processo de impedimento da presidenta Dilma.

As denúncias que levaram ao processo do Mensalão deveriam ter levado a uma reflexão acerca da reforma do sistema político marcado pelo protagonismo do executivo. No nosso "presidencialismo de coalizão",[26] o executivo tende a ser o único poder com real base popular e representativa, por materializar as demandas e expectativas por um projeto de sociedade específico. O legislativo é deixado à pulverização e à fragmentação dos mais variados interesses, quase sempre corporativos e operados na sombra dos bastidores. Com os maiores partidos como o PMDB representando precisamente esse tipo de interesse menor e corporativo, tanto PSDB quanto PT, quando no poder, tiveram de conviver com a chantagem de quem não tem compromissos com a "grande política" no sentido de defesa de uma visão específica de sociedade.

Ainda que o PSDB, por ser um partido orgânico do empresariado paulista, tenha enfrentado problemas menores com a fragmentação do legislativo que o PT, cujas origens evocavam mais desconfiança, o problema é estrutural. Assim como no conhecido episódio da compra de votos na reeleição de FHC, qualquer protagonismo eficaz do executivo implica literalmente comprar – seja com cargos, concessões públicas ou ainda com dinheiro vivo – um legislativo fragmentado e politicamente irresponsável no sentido literal do termo. É esse arranjo que hoje mostra sua pior face, um arranjo que necessitava e necessita de correção. O remédio certamente não é adotar o parlamentarismo e retirar a única instituição que reflete a soberania popular entre nós.

Essa correção não é a panaceia do parlamentarismo, que apenas legaliza o acordo entre elites e evita o teste do voto para "projetos de sociedade" em disputa. São necessários, antes de tudo, mecanismos que permitam ao mesmo tempo conferir transparência aos interesses econômicos hoje na sombra e, a partir disso, torná-los objeto de discussão pública.

O Mensalão foi o ensaio geral para o golpismo de agora, especialmente do seu núcleo fundamental: a ação concertada entre mídia e aparato jurídico-policial do Estado. Como o combate efetivo à corrupção é o último dos objetivos da nossa mídia-partido de elite, a estratégia é novelizar a política e reduzi-la ao embate mocinho versus bandido. O bandido é o PT e as classes populares, assim como o projeto de sociedade que eles representam. O mocinho é o aparato jurídico-policial elevado à condição de paladino da higiene moral da nação. O pano de fundo da corrupção "apenas estatal", para tornar invisível a corrupção da elite no mercado que domina, legal e ilegal, é a compreensão hegemônica que permite que toda a farsa funcione. O fundamental aqui é a manutenção da "fulanização da corrupção", ou seja, manipular o discurso da corrupção tornando invisível seu núcleo real e institucional, concentrando-se apenas em pessoas sempre da esquerda ou da base de apoio da esquerda.

O dado objetivo, real e racional do problema central da relação entre economia e política entre nós foi, portanto, novelizado e transformado em assalto de um único partido ao Estado. Nenhuma palavra em defesa de uma "reforma política" racional foi perdida. Afinal, como hoje todos que ainda conseguimos manter dois neurônios intactos sabemos, o combate à corrupção efetiva é o último dos objetivos dessa mídia. Se a base de toda corrupção no Estado se localiza na compra da política e dos favores da política pelo capital econômico, o discurso moralista de ocasião da mídia somente se concentra em políticos da esquerda. A manipulação midiática visa apenas à eliminação do inimigo político e trabalha contra qualquer mudança real na verdadeira transparência que importa: aquela que limita a compra da política pelo grande capital.

A grande farsa que ocorreu entre o Mensalão e o golpe foi uma tentativa de preparar o enterro do Partido dos Trabalhadores como partido político. Até então um partido com forte penetração nas classes médias por meio do discurso da "ética na política", o PT sofreu fortes perdas nesses segmentos sociais. É nesses segmentos que a mídia-partido, posando de neutra e de instituição de utilidade pública, possui efetiva penetração. É essa classe também que se imagina mais culta e inteligente que os pobres, mas que, na verdade, possui poucas fontes alternativas de reflexão autônoma além do veneno midiático de todos os dias. É uma classe que se imagina protagonista quando é instrumento e tropa de choque de interesses que não compreende. Some-se a isso uma tradição intelectual pseudocrítica que demoniza o Estado e esconde os interesses de mercado, e temos a ópera-bufa perfeita para o projeto de rapina selvagem e de curto prazo da elite endinheirada.

Mas como a vida social se transforma ao operar a transformação de agentes sociais essenciais, quem salvou o PT e as eleições de 2006 foram os novos agentes sociais empoderados pelas políticas redistributivas. Os excluídos brasileiros, secularmente esquecidos e desprezados, puseram a nu um corte de classe que se torna cada vez mais óbvio no Brasil contemporâneo. O Brasil se dividiu ao meio. E, como os pobres são esmagadora maioria, abriu-se uma nova possibilidade, apesar de toda a artilharia do Mensalão e do estrago feito pela campanha midiática, e apesar de toda a sua violência simbólica tão bem perpetrada. É nesse contexto que afloram as análises e os editoriais que melhor mostram o caráter proto-fascista e de violento racismo de classe que a luta eleitoral permite aflorar de forma cada vez mais explícita.

De qualquer modo, os brasileiros aprenderam que, num sistema em que cada um valendo um voto, seja para quem nasce na casa grande, seja para quem nasce na senzala, a bem-sucedida política de inclusão social transforma a classe média e seus segmentos mais conservadores em atores minoritários no jogo político. Estava formada a base para uma hegemonia política de longo prazo. Em um país tão desigual e injusto como o Brasil, uma esquerda minimamente competente tem sempre – quando o projeto não é abortado por golpes de Estado – perspectiva de vida longa no poder.

O segundo governo Lula, sob as condições favoráveis do *boom* das commodities, representa um dos maiores esforços da política brasileira no sentido da inclusão social da maioria da população secularmente esquecida. Ainda que as condições econômicas tenham sido favoráveis, sem vontade política nada disso teria acontecido. Programas de transferência de renda e aumento expressivo e real do salário mínimo, aliados a uma maior facilidade de crédito, dinamizaram a economia de baixo para cima. Nesse contexto, as políticas de acesso à educação para todos foram, antes de tudo, o ponto que me parece mais importante. O aumento expressivo de universidades públicas e de escolas técnicas federais possibilitou um ancoramento institucional fundamental para a ampliação do acesso das classes populares ao capital cultural.

A compreensão da educação como uma variável fundamental para uma ascensão social com mais chances de consolidação no tempo, aliada ao estímulo da autoestima por meio da pregação evangélica, foi outro fator decisivo desta fase de otimismo geral. A variável religiosa é muito importante. Ainda que a agenda conservadora de muitos líderes religiosos no Congresso seja hoje o fator mais visível, a questão tem muitos outros desdobramentos. Os excluídos não são apenas pobres economicamente. Faltam os estímulos afetivos e morais para o sucesso escolar e depois profissional que a classe média possui – via exemplos incorporados de modo irrefletido e automático pelos filhos – como seu principal privilégio desde o berço. A confiança em si mesmo é fundamental para qualquer projeto humano, e essa confiança e autoestima são, como todo o resto, privilégios de classe que os abandonados não possuem. A religião evangélica entra prestando esse serviço às classes populares e, como toda religião, cobra por isso. O foco na educação e na disciplina que ela requer é construído – na falta de exemplos familiares – pela religião.

Esse aspecto é fundamental, posto que as estratégias de reprodução de privilégios da classe média tradicional são fundadas na apropriação privilegiada de capital cultural. O estabelecimento de "cotas sociais", associado a um sistema de bolsas para os mais pobres e ao aumento significativo de vagas, constituiu uma política de grande alcance para garantir o acesso a pelo menos uma parte significativa de alunos vindos de camadas populares. O uso consequente da conjuntura favorável – mantido o acordo básico com o rentismo dos endinheirados – também para a maioria esquecida e desprezada da população brasileira tornou Lula um dos políticos de maior popularidade na história do país.

A eleição de Dilma em 2010 se deu nesse contexto de celebração e de esperança em um Brasil com oportunidades para todos. A presidenta eleita logrou, inclusive, criar popularidade com foro próprio na medida em que até mesmo os setores conservadores da classe média a preferiam, por sua origem de classe menos popular, ao presidente Lula. Confiante na sua recém-conquistada popularidade, a presidenta lançou então sua jogada mais arriscada: romper o acordo rentista que havia possibilitado a relativa tranquilidade do segundo mandato de Lula como presidente. O projeto evocava claramente o sonho secular da esquerda brasileira da procura pela "boa burguesia". Agora, como sempre, o alvo do amor não correspondido era a burguesia industrial.[27]

O cálculo da arriscada jogada não era completamente desprovido de lógica. Submeter o país a um regime de juros que se aproximasse do regime mundial implicaria em maiores investimentos em atividades produtivas que geram emprego e aprofundam o ciclo virtuoso de ampliação do mercado interno, aumento de produtividade e aumento do poder de consumo. Como os empregos produzidos pelo ciclo anterior eram circunscritos a áreas de baixa produtividade e de baixos salários, muito longe da propaganda ufanista da "nova classe média", a ideia era aprofundar o processo inclusivo com o estímulo à indústria e à produção de melhores empregos.

Em um país que vivia um *boom* de commodities devido a um contexto favorável passageiro, essa seria uma possibilidade de utilizar a bonança presente como garantia da bonança futura. Só faltou, como diria Garrincha, combinar com os russos. Com uma classe de capitalistas que sempre se caracterizou pelo roubo de curto prazo e pela ausência de qualquer projeto nacional, a jogada se revelou uma aventura perigosa que acabaria por minar as bases do governo da presidenta daí em diante. Como em todos os instantes da vida brasileira moderna, a elite do dinheiro agiu de modo concertado. Afinal, não apenas o capital financeiro auferia lucros estratosféricos, mas também os capitalistas industriais e o agronegócio investiam seu lucro não mais na produção, mas nas gordas taxas de juro que garantiam retorno imediato e sem risco.

Instaurou-se uma batalha pela diminuição do juro e do *spread* bancário, na qual a presidenta apostou todas as suas fichas e perdeu. Quando o juro voltou a subir, em abril de 2013, ela teve, na prática, todas as frações da elite econômica contra ela. O novo contra-ataque do "partido do dinheiro", a grande mídia, não tardou a acontecer – agora com o aprendizado oriundo do Mensalão: não dá para derrubar o governo sem construir um arremedo de "base social" para o golpe. A nova tática implicava o ataque sistemático e sem qualquer pausa ao governo e ao que ele representava.

O início do novo processo se deu com as "jornadas de junho". O nome estava relacionado às então recentes rebeliões da assim chamada "primavera árabe" e à esperança, que se revelaria infundada, de democratização das sociedades assoladas por fundamentalismos religiosos. Também aqui as rebeliões foram rapidamente manipuladas pela mídia enquanto "partido do dinheiro".

As jornadas de junho são o começo da luta política atual e serão analisadas a seguir no capítulo destinado a esclarecer a luta de classes invisível que ela ao mesmo tempo espelha e esconde. É necessário mostrar como nossa outra classe do privilégio, a classe média e suas frações conservadoras dominantes, foi arregimentada e desenvolveu um "novo orgulho de ser de direita", antes inexistente no Brasil. Se na elite econômica a regra é a indiferença *blasé* em relação ao povo, nas frações conservadoras da classe média o desprezo e até o ódio às classes populares, que só agora se expressa abertamente, sempre foram a regra. São sentimentos típicos de toda sociedade de raiz escravocrata que nunca criticou essa herança.

Para compreender a luta de classes no Brasil: da sociedade de indignos à classe média indignada

Para que possamos, no entanto, compreender adequadamente a luta de classes que domina a atual cena política brasileira e que serve de pano de fundo ao movimento golpista, é necessário entender as recentes transformações na estrutura de classes da sociedade brasileira. Para isso, é importante reconstruir o processo socioeconômico recente que permitiu a ascensão social de dezenas de milhões de brasileiros, de modo a compreendermos as reações a ele. Entender a ação das classes sociais é uma tarefa árdua, uma vez que o senso comum compartilhado – no nosso caso, em grande medida fruto do mito nacional criticado anteriormente –, construído pelos interesses que estão ganhando e que querem se preservar, evita a percepção verdadeira do papel fundamental das classes sociais com a mesma intensidade com que o diabo foge da cruz.

O mascaramento da perspectiva da classe social é a necessidade primeira de todo discurso do poder. A razão é simples: a abertura à perspectiva de classe permite criticar todos os privilégios injustos que são, todos eles, formados literalmente desde o berço. Esta é a razão profunda de todos os mal-entendidos acerca da definição daquilo que determina a classe social. O primeiro mal-entendido é a confusão economicista de que a classe social é definida pela renda (economicismo liberal) ou pelo lugar na produção e pela ocupação (economicismo marxista). Apesar de cometerem o mesmo pecado, o da percepção unilateral do mundo, como se o comportamento das pessoas tivesse motivação unicamente econômica, as duas formas de economicismo não são iguais e intercambiáveis.

O economicismo liberal é muito mais simplista e enganador. Chega a ser inclusive algo absurdo e ridículo se refletirmos dois segundos sobre seus pressupostos. Como a imensa maioria dos conceitos do senso comum, ele só se mantém como válido porque não refletimos a seu respeito. Tomemos como exemplo a escala consagrada em todos os debates jornalísticos sobre classes sociais, que as confunde com faixas de renda – A, B, C, D e E. A ideia "brilhante" por trás dessa divisão é a de que o comportamento diferencial entre os indivíduos é produzido pelo tamanho da renda que se aufere. Assim, os indivíduos da classe A se comportariam de modo tão distinto dos indivíduos da classe E porque, afinal, teriam muito mais capacidade de consumo do que eles.

O pressuposto, portanto, é que são indivíduos com uma mesma visão de mundo e com as mesmas capacidades, diferenciando-se apenas pela capacidade de compra milagrosamente tão desigual. Como não se fala uma palavra sequer acerca da gênese oculta dessas diferenças tão marcadas, abre-se o campo aqui para as explicações "meritocráticas" que escondem a construção social de todo privilégio individual. Para todos os efeitos, os indivíduos da classe A são trabalhadores e diligentes, e os indivíduos da classe E são preguiçosos e burros. No debate brasileiro recente acerca da noção de "nova classe média"[28], a indigência dessa definição de classe se torna ainda mais óbvia: classe média passa a ser a classe C, posto que estaria no "nível médio" da escala de rendas. É a pseudociência servindo à desinformação geral do público.

Na verdade a classe social é uma construção socioafetiva que se dá desde o berço no horizonte familiar. Como não existe "a família" no singular, já que cada classe social possui um padrão de socialização familiar distinta, serão essas diferenças de socialização familiar pelo pertencimento de classe que possibilitarão, mais tarde, um acesso ao mercado de trabalho em faixas distintas de renda. A "renda superior" irá refletir, na verdade, uma socialização familiar para o sucesso, primeiro na escola e depois no mercado de trabalho. Aqui, como quase sempre, o obscurecimento da gênese dos processos sociais serve ao interesse político de tornar invisíveis as causas da desigualdade e da injustiça social. As classes sociais e seu estudo são fundamentais, posto que permitem esclarecer o segredo mais bem guardado das sociedades modernas: o fato de que elas não são "sociedades de indivíduos" que lutam em condições de igualdade de oportunidades, mas sim sociedades que perpetuam privilégios injustos pela reprodução, desde o berço, dos privilégios de classe.

Todos nós vimos à exaustão, no período recente de ascensão social das classes populares, exemplos de forte e às vezes violenta reação da classe média estabelecida a um processo de ascensão social das classes populares, que foi visto por muitos como ajuda eleitoral a pobres burros e preguiçosos. Como a reconstrução desse processo de "luta de classes" no Brasil dos últimos 15 anos é fundamental para a compreensão do golpe, realizaremos esse movimento em dois passos: primeiro, reconstruindo a ideia de classe social e mostrando sua importância fundamental para a compreensão da sociedade; e depois, analisando a forma opaca como as solidariedades e os preconceitos entre as classes são construídos e como podemos torná-los visíveis.

As classes sociais no Brasil contemporâneo

A compreensão efetiva do mundo exige a reconstrução do conceito de classe social. Sem ele, não temos condições de entender como o mundo funciona e como nos tornamos vítimas da manipulação midiática mais rasteira. Como funciona o Brasil enquanto sociedade de classes em luta por recursos escassos? Como se dá a relação entre as classes? Quais os conflitos e quais as alianças possíveis entre elas? Quem explora e quem é explorado ou manipulado? Se respondermos a essas questões, chegaremos muito perto de compreendermos não só as razões reais do golpe, em meio a tanta fraude e mentira, mas também de compreendermos os reais desafios da sociedade brasileira contemporânea.

O dado inicial fundamental da vida em sociedade é a competição de todos contra todos pelos recursos escassos. Ainda que exista a possibilidade de alianças e de solidariedade entre indivíduos, o dado da competição de todos contra todos e do conflito potencial que essa competição instaura é o ponto de partida essencial. A competição se dá não apenas em relação à posse dos bens materiais como geladeiras, carros e casas, mas também em relação à posse de bens imateriais como prestígio, reconhecimento, beleza, charme, admiração etc. Todos nós lutamos com tudo que temos pelos recursos escassos materiais e imateriais que constituem nossos desejos mais profundos e nossos sonhos, quer estejamos acordados ou dormindo.

Como já nascemos dentro de uma família concreta, nenhum de nós surge no limbo ou nas nuvens, mas sempre dentro do contexto de uma história e de um passado já construído por nossa herança familiar. É por conta disso que as histórias individuais são, sem exceção, pré-moldadas pela pré-história familiar. E é por isso, também, que só entenderemos os indivíduos se compreendermos sua pré-história familiar. Como não existe "a família", em abstrato, mas cada classe social possui uma socialização familiar muito específica, para compreender os comportamentos individuais é preciso entender também a origem de classe do indivíduo.

Todas as chances dos indivíduos na competição da vida social vão depender das oportunidades que sua origem de classe, transmitidas pela socialização familiar, lhe abrem e fecham. Por sua vez, as classes sociais e as socializações familiares que lhe correspondem também não existem no limbo. Elas se dão dentro do contexto de um tipo de sociedade peculiar, com necessidades específicas. Quando falamos de "capitalismo" ou de "sociedade moderna", queremos diferenciar a sociedade a que dizem respeito de outros tipos de sociedade, com outros tipos de necessidades de reprodução. No capitalismo, a reprodução social vai depender de dois capitais fundamentais: o capital econômico e o capital cultural.

O capital econômico é o mais fácil de perceber, uma vez que o fundamento do capitalismo é o imperativo da acumulação infinita. Sem isso, temos recessão e crises que se propagam para a sociedade como um todo. Mas o capitalismo também não funciona e não se reproduz adequadamente sem "conhecimento útil", que perfaz o capital cultural. Não existe função nem no mercado nem no Estado que possa ser realizada sem conhecimento acumulado, ou seja, sem capital cultural.

Por conta disso, as classes do privilégio – sempre injusto, posto que transmitido desde o berço, que jamais se escolhe – são as classes que monopolizam os capitais econômico e cultural. Como essa herança é sempre familiar, seja ela econômica, e portanto mais visível, seja ela cultural, e assim menos visível, as classes sociais vão determinar todas as chances de sucesso ou fracasso para qualquer indivíduo do mundo. É a distribuição desigual desses capitais desde o berço que irá determinar as chances relativas de todos os indivíduos na luta de todos contra todos na competição social pelos recursos escassos.

A nossa tese é a de que o Brasil moderno é composto por quatro classes sociais principais, que por sua vez podem ser subdivididas em classes específicas. São elas: 1) os "endinheirados", ou seja, a ínfima elite do dinheiro, que se constitui como classe dominante, explorando materialmente e dominando simbolicamente todas as outras; 2) a classe média e suas diversas frações, que espelham todas as formas de individualidade que a posse do capital cultural valorizado enseja – é ela, na verdade, que "suja as mãos" com o trabalho diário da dominação social realizada em nome dos endinheirados. Afinal, são da classe média os juízes que julgam, os professores que ensinam, os jornalistas que escrevem e, em geral, quem ocupa as posições intermediárias entre a dominação da elite do dinheiro e o resto da maioria da sociedade que não possui privilégios; 3) uma classe trabalhadora, que é precária na sua imensa maioria; e, finalmente, 4) a classe dos excluídos, que chamamos provocativamente de "ralé brasileira", uma classe que, como veremos, se situa abaixo da linha da "dignidade".

As classes do privilégio são, portanto, aquelas que logram, na competição social, monopolizar o acesso aos capitais indispensáveis para a reprodução do capitalismo. Depois de implantado o capitalismo, as classes obedecem, quer tenham ou não consciência disso, às leis comandadas por esse sistema impessoal. Até o indivíduo mais poderoso tem que se curvar a elas. Isso significa que mesmo as classes sociais dominantes vão construir suas estratégias de reprodução do privilégio a partir dessas regras já construídas.

É por isso também que nas classes dominantes, que controlam o dinheiro e o conhecimento, um terceiro capital, além dos capitais econômico e cultural, surge como complementar a esses dois: o capital social de relações pessoais. É ele que vai permitir o acesso às alianças, às amizades e, acima de tudo, aos casamentos que permitirão a reprodução dos capitais acumulados. Esses três capitais aparecem, na realidade social, quase sempre juntos. A preponderância do capital econômico define a classe alta, que domina e explora todas as outras, enquanto a preponderância do capital cultural define a classe média e suas frações. Mas ambas precisam possuir, em medida variável, tanto os dois capitais principais quanto algum capital social, sob o risco de fracassar na competição social.

Mesmo os endinheirados precisam de algum capital cultural para serem aceitos em seu grupo. Sem ele, o acesso ao capital social de relações importantes se torna arriscado. Um rico "bronco" não faz alianças com pares importantes nem um casamento vantajoso que aumente o capital acumulado. É preciso pelo menos entender de vinhos caros, de comidinha gourmet, de ternos cortados à mão, ou conhecer as ilhas exclusivas do oceano índico aonde seus pares levam suas amantes preferidas. Construir um capital cultural da "distinção", em relação às outras classes, para mostrar que não é o dinheiro que marca seu estilo de vida, mas sim que ele é fruto de um suposto bom gosto inato, é vital também para os ricos. O direito à propriedade, que é o fundamento do capital econômico, é transmitido por herança e por casamentos que devem aumentar a fortuna, e não fragmentá-la. A articulação de negócios com os pares também exige esse capital social que apenas a mistura de dinheiro com alguma forma de capital cultural pode dar.

O inverso acontece com a classe média e suas diversas frações. Ainda que seu privilégio esteja concentrado na incorporação de capital cultural, algum capital econômico é necessário para que se possa comprar, por exemplo, o tempo livre dos filhos. Ao contrário dos filhos das classes populares, que têm que estudar e trabalhar a partir da adolescência – o que implica, quase sempre, não fazer nem um nem outro bem –, os filhos da classe média podem se dedicar apenas aos estudos. É isso que permite a eles se concentrarem no capital cultural mais valorizado para o mercado de trabalho, onde entrarão mais tarde. Esse fato basilar é "esquecido" quando se pensa sobre as classes sociais por meio de atributos externos como a renda.

Na verdade, os seres humanos se formam enquanto tais pela internalização, ou melhor, pela incorporação, inconsciente ou pré-reflexiva, das formas de comportamento dos seres – os pais ou quem ocupe essas funções – que cuidam das crianças e que são, por isso, amados por elas. A relação mais importante do processo de socialização de qualquer ser humano é, portanto, afetivo e emocional em primeira instância. Em resumo, nós somos o que somos porque imitamos a quem amamos. Os filhos "incorporam" os pais de modo silencioso e invisível – quem nunca se divertiu vendo uma criança de 2 ou 3 anos andando ao lado do pai com o mesmo balanço de corpo? –, e este é o fato mais relevante para que compreendamos a reprodução das classes sociais ao longo do tempo.

Se o capital econômico se transmite por herança e títulos de propriedade, o capital cultural se transmite por uma herança invisível, que exige que os herdeiros possuam a mesma estrutura emocional e afetiva que possibilite a incorporação de certo "patrimônio de disposições".[29] Tal patrimônio pode incluir fatos curiosos, como o jeito de andar e falar do pai, mas também outros aspectos que determinam o sucesso ou o fracasso na vida social. Exemplo deste último tipo é a capacidade de se concentrar na escola, que constitui o privilégio específico da classe média. São gerações familiares que recebem o bastão uma da outra e se especializam em criar todas as condições para que se tenham "vencedores" na escola e depois no mercado de trabalho. Existe um vínculo, quase nunca percebido, seja no senso comum, seja na "ciência social" oficial, que liga a socialização familiar à escola, e esta ao mercado de trabalho.

Como esses vínculos são realizados na socialização familiar, no recôndito dos lares, e em tenra idade, eles não são percebidos como privilégio. Por isso a classe média e suas frações se tornam a classe por excelência da crença na "meritocracia". Como a maior parte dos estímulos é incorporada inconscientemente desde a socialização infantil, é como se já se nascesse com eles. Cria-se, portanto, a ilusão de um mérito individualmente construído, e não determinado familiar e socialmente. Enquanto o filho da classe média se diverte com brinquedos que estimulam sua criatividade, escuta a mãe contando histórias cheias de fantasia que estimulam sua imaginação e vê o pai lendo todos os dias, o que o leva a gostar e perceber a importância da leitura, o dia a dia das classes populares é bem distinto.

O filho do servente de obras brinca com o carrinho de mão do pai e aprende a ser trabalhador manual desqualificado. Ouve da mãe o elogio da escola da "boca para fora", já que a precária escola da mãe em nada ou pouco a ajudou na vida. É, antes de tudo, o exemplo vivenciado que constrói as classes de vencedores ou de perdedores, já quando chegam à escola, com 5 anos de vida. Por conta disso, perceber a socialização familiar diferencial entre as classe é tão importante. Sem isso, não percebemos o privilégio agindo como mais gosta de agir, ou seja, silenciosamente e de modo invisível, e reproduzimos todo tipo de preconceito como se existissem pessoas que tivessem escolhido serem pobres e humilhadas.

Nas classes populares a distinção entre trabalhador e excluído, distinção essa bastante fluída, como vimos nos últimos anos de inclusão social, torna-se uma distinção de grau, e não de qualidade. As famílias pobres brasileiras não são apenas pobres. Sua miséria não é apenas econômica. Elas reproduzem um cotidiano de carência cognitiva que tende – por conta do abandono secular de uma sociedade escravocrata socialmente irresponsável – a se alongar em miséria moral e afetiva. Mesmo nas famílias que ainda conseguem manter o modelo familiar com pai e mãe amorosos e cuidando dos filhos do melhor modo possível nas circunstâncias adversas, o que os pais conseguem transmitir é, muitas vezes, sua própria inadaptação social. Não se pode, afinal, ensinar aquilo que não se aprendeu. Veem-se as mães preocupadas com a escola do filho, mas como elas sabem que a escola não fez diferença para si próprias – e para um filho exemplos são muito mais importantes que as palavras ditas –, não percebem efetivamente como ela pode fazer a diferença para eles.

Ao entrevistarmos os membros adultos da ralé acerca de sua experiência escolar,[30] nos surpreendemos com a afirmação generalizada de que "fitavam a lousa por horas a fio sem aprender". Ora, a "capacidade de concentração", que é o que permite aprender, não é um dado natural de qualquer ser humano "normal", como ter dois olhos, uma boca e dois ouvidos. Sem estímulo à leitura e sem o pressuposto da leitura como parte do cotidiano vivido, sem o estímulo que leituras noturnas cheias de fantasia oferecem à criança, sem estímulo ao pensamento abstrato, não existe "capacidade de concentração". Sem capacidade de se concentrar, por sua vez, não existe aprendizado real, e torna-se compreensível que a escola pública dos pobres produza em grande medida analfabetos funcionais. Pior: nas entrevistas, os pobres socializados nessa escola precária de alunos precários se sentem culpados por sua suposta "burrice inata".[31] Imaginam-se tendo tido a chance de ir à escola e de não a terem aproveitado. O ciclo da dominação se fecha quando a vítima do abandono se vê como a causa do próprio infortúnio.

Mas não existe classe condenada. Condições favoráveis e "vontade política" fizeram com que inúmeras pessoas da "ralé", dos antigos excluídos sem chance de redenção, pudessem ascender a empregos formais e a chances de consumo inéditas na vida. Mais ainda: algumas delas tiveram também chances de cursar escolas técnicas de qualidade e até universidades públicas e particulares por conta de políticas virtuosas de inclusão social. É o acesso ao capital cultural valorizado que efetivamente muda a vida das pessoas. Muitas delas saíram da classe dos excluídos e se tornaram trabalhadores, ainda que precários, no mercado econômico competitivo.

A linha divisória entre as classes populares reflete a possibilidade de apropriação diferencial do que chamamos de "capital cultural". Ainda que o capital cultural em jogo aqui não seja aquele altamente valorizado das classes médias, qualquer trabalho nas condições do capitalismo competitivo exige incorporação de conhecimento. Mais que isso: como vimos no exemplo da classe média, não existe incorporação de conhecimento possível sem que os pressupostos de relativo sucesso escolar sejam atendidos. A linha fluida entre classe trabalhadora e classe excluída é construída a partir da maior ou menor possibilidade de incorporação dos pressupostos afetivos e emocionais que permitem evitar, em alguma medida, o total fracasso escolar. O que separa o trabalhador do excluído é que ele consegue incorporar um mínimo de conhecimento útil que pode ser usado no mercado competitivo. Entre a socialização familiar e a escolar se produz um vínculo que lhe permite vender depois o que aprendeu, e não apenas sua energia muscular e sua força física. Embora ambos sejam explorados, a exploração do trabalhador se dá em patamar superior à virtual "animalização" do excluído.

A definição de trabalho útil produzido pelo conhecimento ou pelo "esforço muscular" – não muito diferente neste sentido da tração animal, por exemplo, de um cavalo – é fluida. Trabalhos formais, como o de ajudante de pedreiro ou o de cortador de cana, são, na realidade, uma mistura das duas dimensões. Ainda assim, é possível separar a socialização familiar por classe social, que habilita ou desabilita – primeiro para o aprendizado na escola e depois para o exercício de funções produtivas no mercado de trabalho competitivo. Nenhum de nós nasce com os atributos da disciplina, do autocontrole, do pensamento prospectivo e da capacidade de concentração. Esses atributos são, como vimos antes, privilégios de classe. Algumas classes os têm "desde o berço", como a classe média, outras os constróem precariamente, como a nossa classe trabalhadora, e outras ainda nunca os constróem em quantidade adequada, como os nossos excluídos.

A legitimação da injustiça social

Vimos anteriormente como as classes são formadas, antes de tudo, por socializações familiares diferenciais, que as habilitam, também diferencialmente, a exercerem as funções fundamentais para a reprodução do capitalismo como sistema. É o acesso diferencial aos capitais – econômico, cultural, social etc. – que permite a reprodução do sistema como um todo, tanto no mercado quanto no Estado, que constrói a hierarquia entre as classes sociais. E é ele também que pré-determina, em grande medida, as chances dos indivíduos, a partir de seu pertencimento de classe e da abertura e do fechamento de possibilidades que este pertencimento implica, na competição de todos contra todos por recursos escassos.

Mas ainda não falamos do principal. O capitalismo tira onda de justo. Afinal, a justificação moral mais importante do mundo moderno é a de que todos possuem chances iguais. Como justificar, então, uma desigualdade obscena como a que temos no Brasil? Mais ainda: como compreender que a questão da desigualdade, central como ela é nas sociedades modernas, tenha sido substituída por outras agendas *ad hoc* construídas para torná-la secundária? Como a agenda da moralidade no Brasil foi construída paulatinamente para combater a agenda do combate à desigualdade? Por que tantos foram feitos de tolos por este discurso fraudulento? Como perceber, enfim, que, entre nós, foi a luta de classes – de modo consciente ou não – o motor mais importante para o golpe?

Para examinarmos esse ponto temos que reconhecer que o capitalismo cria não só uma hierarquia de classes a partir da distribuição desigual dos capitais necessários à sua reprodução. Ele cria também um tipo de legitimação e justificação muito singular e único historicamente. É que se há necessidade de se justificar, é porque existe um fundo "moral" no sistema como um todo. Como a questão central da moralidade é estabelecer a distinção entre o justo e o injusto – e, nas sociedades modernas, a justiça está ligada, como veremos em maior detalhe, à noção de "universalidade" –, a imensa maioria das sociedades segue esse princípio. Existe toda uma complexa ordem jurídica e contratual que se destina precisamente a mostrar que todas as pessoas – tão diferencialmente aquinhoadas pela vida por seu pertencimento de classe – são tratadas como iguais.

Existe uma tentativa de convencer as pessoas de que existe um tratamento universal e igualitário a elas apesar da origem de classe tão desigual. Em alguns países, sem dúvida, essa universalidade e essa igualdade são mais bem-sucedidas. Mas em nenhuma sociedade elas são perfeitas. Existe sempre, portanto, em todas as sociedades modernas, a produção de hierarquias morais – invisíveis, mas muito eficazes e atuantes, e cujo efeito prático qualquer um pode perceber com exemplos concretos do dia a dia. São essas hierarquias morais opacas e invisíveis, mas concretas para qualquer um no cotidiano, que possibilitam o tratamento desigual dos indivíduos a partir de seu pertencimento de classe, se contrapondo à lógica da igualdade e da universalidade formal da ordem jurídica visível.

Em português mais claro: o capitalismo se diz igualitário e justo, e por conta disso desenvolve um complexo de igualdades formais que povoam a constituição e todos os códigos jurídicos e todos os contratos de aplicação obrigatória. Como a percepção da desigualdade e da injustiça real criada pela desigualdade das heranças de classe tem que ser reprimida, passa a existir uma hierarquia "sentida" por todos no seu dia a dia, mas, ao mesmo tempo, nunca articulada, nunca refletida e nunca assumida como hierarquia. É essa hierarquia real que repõe a origem de classe, e não a igualdade formal da lei.

Ainda que esse princípio valha para todas as sociedades capitalistas modernas, sejam elas desenvolvidas ou subdesenvolvidas, é claro que algumas sociedades chegam mais perto da justiça definida como igualdade e universalidade do que outras. As democracias europeias também reproduzem essa hierarquia reprimida que repõe a desigualdade real, e que o tratamento jurídico igualitário formal tanto se esforça para esconder. Mas obviamente lá o abismo entre a hierarquia real e a igualdade formal é muito menor do que no Brasil. Ao contrário dos ridículos e frágeis "culturalismos atávicos"[32] com que costumamos explicar a diferença entre nós e os desenvolvidos, o critério da diferença maior ou menor entre o sonho da justiça igualitária e sua realização prática é um instrumento muito melhor para medir essa distância, que é real. A possibilidade de um golpe típico de "república de bananas", como o que aconteceu entre nós, mostra essa distância.

Como se constrói em todo lugar essas hierarquias invisíveis, mas sentidas por todos, que repõem a desigualdade como princípio maior em relação à igualdade formal que todos juram perseguir? E como agem "outras hierarquias" também opacas e de difícil percepção, que permitem justificar a luta de classes de privilegiados contra os marginalizados sem parecer flagrante injustiça e maldade? Essas são as duas questões mais importantes para o entendimento da dinâmica da luta de classes, que por sua vez permite compreender o golpe. Sem essa discussão, o golpe passa a ser percebido como fruto de ação pessoal e localizado. Sua percepção fragmentária implica sua não compreensão. Implica também não efetuar sua efetiva desconstrução como algo motivado pelo conflito redistributivo da sociedade brasileira.

Vamos enfrentar essa questão central em dois momentos: primeiro, mostrando como o capitalismo contemporâneo constrói as hierarquias morais invisíveis que permitem repor a desigualdade como fundamento de um tipo de sociedade que se vende como igualitária e justa; depois, mostrando como, no caso brasileiro, temos ainda outras hierarquias que foram construídas para canalizar o ressentimento de classe e aprofundar, ainda mais, a desigualdade. Esse é o real atraso moral e de civilização do Brasil. E é ele que deve ser combatido.

A produção invisível da desigualdade

Ainda que sejamos cegos a ela, existe toda uma hierarquia moral nas sociedades modernas. No entanto, na vida cotidiana e no senso comum, vemos apenas o efeito do dinheiro e do poder. É por conta disso que só se percebem, por exemplo, as classes pela renda, reduzindo nossa inteligência ao mínimo e aumentado nossa tolice ao máximo. Mas dinheiro e poder precisam ser legitimados na vida cotidiana por padrões morais, ou então eles não podem produzir seus efeitos. Por outro lado, também sentimos emoções que não conseguimos explicar e que não têm, necessariamente, nada a ver com dinheiro e poder, como remorso, culpa, inveja, ressentimento e admiração, os quais em boa medida explicam nossa ação concreta no mundo.

Que "mundo" é esse que mistura afetos e emoções com hierarquias morais e que não pode ser explicado pela ação nem do dinheiro nem do poder? Embora sejamos cegos a esse mundo tão importante, ele é passível de ser reconstruído a partir das ações e reações que as pessoas tomam no mundo prático. Uma pesquisa empírica bem-construída e bem-conduzida pode reconstruir a ação prática das hierarquias morais sobre nosso comportamento concreto, embora não tenhamos, quase sempre, consciência dessa hierarquia. O que temos na cabeça é muito menos importante do que a forma como agimos e nos comportamos na prática. Normalmente, o que achamos que somos é, em grande medida, fruto da necessidade de justificar e legitimar a vida que levamos. Ela não reflete, necessariamente, a "verdade" de nosso comportamento. Como vários pensadores críticos já demonstraram, a necessidade primeira dos seres humanos não é o compromisso com a verdade. Longe disso. Nossa primeira necessidade afetiva a se impor é a de justificar e legitimar a vida que se leva.[33] Em boa medida, essa separação espelha a distância que separa a ciência da postura ingênua do senso comum.

O que importa aqui é ressaltar que é possível demonstrar para além de qualquer dúvida razoável a "ação" dessas hierarquias morais ou linhas de classificação social, ainda que sejam invisíveis na vida cotidiana, na qual percebemos somente a ação do dinheiro e do poder. Afinal, essas hierarquias morais e esses "sentimentos morais" podem ser observados em seus efeitos nas ações práticas das pessoas, ainda que "na cabeça" não tenhamos a menor ideia da existência delas. O fato de que não temos presente de modo consciente as causas dos sentimentos morais e das hierarquias morais que são sua fonte apenas as torna mais fortes, posto que assim não podemos ganhar distanciamento reflexivo em relação a elas.

O grande sociólogo francês Pierre Bourdieu foi um pioneiro na demonstração cabal da influência dessas linhas invisíveis de classificação social criadas pelas hierarquias morais da sociedade moderna. Em sua obra mais importante, *A distinção*,[34] Bourdieu consegue demonstrar que a decantada igualdade da França republicana, baseada na escola pública de qualidade para todos, era fictícia. Não no sentido de que o esforço republicano e igualitarista francês tenha sido um fracasso. Longe disso. Se compararmos a França com países como o Brasil, veremos que o esforço levou a um grande sucesso. O que Bourdieu demonstra é que apesar de ter criado um patamar de "dignidade" comum a todos os franceses, que inexiste em sociedades como a brasileira, a sociedade francesa – a exemplo de todas as outras sociedades modernas – construiu formas alternativas e sutis, dificilmente perceptíveis para quem está imerso na perspectiva do senso comum cotidiano, de justificação e legitimação da desigualdade e do privilégio.

No trabalho clássico de Bourdieu, ele analisa o gosto estético como mecanismo invisível de produção de distinção social no sentido de legitimação à percepção de superioridade de alguns e de inferioridade de outros. Precisamente o gosto estético que o senso comum imagina que não se discute e que diz-se ser único para cada pessoa. "Santa ingenuidade", diria Bourdieu. Não só o gosto não é individual, mas sim compartilhado e construído socialmente, como ele funciona também como uma forma de legitimação invisível de todo tipo de privilégio fático.

Os exemplos práticos são de fácil reconhecimento. Para quem dirige carros caros, usa roupas de marca e bebe vinhos especiais, esse tipo de consumo não significa apenas que se tem mais dinheiro que os outros que não possuem acesso a este tipo de bens. Significa, antes de tudo, que se tem "bom gosto", o que implica uma superioridade não apenas estética, mas também moral. Como já vimos antes, tudo que associamos ao espírito tem uma ligação com o "divino", e nada representa mais o espírito que o bom gosto estético. Quem não o possui é visto como mero "corpo" que possui necessidades como os animais, sendo, portanto, inferior nos sentidos estético e moral.

Todos aqueles que se veem como representantes do espírito desenvolvem uma solidariedade com seus iguais e um preconceito contra aqueles que não compartilham de sua visão de mundo. Afinal, o gosto não se restringe a consumos isolados, mas desenvolve-se em "estilos de vida" que abrangem toda a vida social. Não é apenas o vinho caro e especial, mas também o tipo de comida que se come, da roupa que se veste, das férias que se escolhe, dos amigos que se cultiva etc. São estilos de vida compartilhados que dão a sensação de uma superioridade que não é comprada, mas sim vivida, graças a um gosto e um estilo de vida especiais, seleto privilégio de uma minoria. A maioria sem acesso sofre o preconceito

– consciente ou inconsciente – de não apenas ser pobre no sentido econômico, mas também de não ter "espírito", sendo exemplo, portanto, de uma forma degradada de existência humana.

São essas linhas invisíveis de classificação e desclassificação social, baseadas em hierarquias morais não perceptíveis no senso comum – que imagina só existirem o poder e o dinheiro como fontes de todas as hierarquias sociais – que se tornam a base da solidariedade e do preconceito nas sociedades modernas. Veremos como este ponto será decisivo para uma compreensão adequada do preconceito da classe média tradicional em relação à ascensão dos setores populares na história recente do Brasil. Por enquanto, o importante é perceber que a distinção pelo bom gosto é um elemento decisivo tanto para a compreensão da solidariedade entre os de cima como para a compreensão do preconceito destes em relação aos de baixo, os setores populares. Embora a distinção pelo gosto seja ubíqua na sociedade, ela se presta antes de mais nada a legitimar a diferença e os privilégios das classes média e alta em relação ao "povo".

Mas existe outra linha invisível de classificação e desclassificação das pessoas, que é decisiva para nossos fins neste livro, e que não foi levada em conta por Bourdieu. Chamei esta linha invisível de "linha da dignidade". Teríamos, assim, duas formas de hierarquizar pessoas e classes sociais inteiras nas sociedades modernas, como a brasileira, a partir de uma hierarquia moral que não se confunde com os estímulos empíricos de dinheiro e poder. Essas hierarquias não são abstrações sem valor, produto de pessoas com a cabeça nas nuvens, como dizemos no dia a dia. Ao contrário, elas são produtos históricos que lograram se institucionalizar no decorrer da história da civilização ocidental e assim condicionar nossa vida prática.

Fui influenciado neste particular pelo filósofo canadense Charles Taylor. Taylor é um tipo pragmático de filósofo, que não fica pesquisando a vida toda filigranas idiossincráticas da história da filosofia pertinentes apenas para o próprio filósofo. Ao contrário, ele se interessa pelas ideias e pelos valores que lograram adquirir força prática para os homens e as mulheres comuns. Estas são as ideias importantes, e vale a pena que façamos um esforço reflexivo para compreender sua influência na nossa vida. Teremos condições para perceber a nós mesmos e a sociedade que nos cerca muito melhor a partir disso.

As ideias-valores que mandam na nossa vida prática, quer tenhamos consciência disso ou não, são, para Taylor, apenas duas:[35] as noções de autenticidade (ou expressivismo) e de dignidade. Ambas refletem, ao mesmo tempo, um processo de aprendizado, que é sua dimensão moral, e um processo de distinção e legitimação da dominação social, que representa sua imbricação com as dimensões pragmáticas do dinheiro e do poder. No fundo, toda ação humana está imbricada nesta dupla dimensão ao mesmo tempo utilitária e moral. O que muda em cada indivíduo é a maior força relativa de um aspecto ou outro. Mas somos todos seres esgarçados pela contradição entre poder e moralidade, entre egoísmo e solidariedade e assim por diante.

A dimensão da autenticidade é mais recente historicamente, e só no século XX, especialmente no contexto da contracultura dos anos 1960, alcança dimensão verdadeiramente popular. Antes ela era restrita a elites intelectuais alternativas. A autenticidade significa a entronização na vida social do princípio moral do "ser humano sensível" como valor-guia da condução da vida prática. O importante para este ideário não é ter dinheiro ou poder, mas sim viver a vida de acordo com os sentimentos e afetos que singularizam cada um, de acordo com uma biografia sempre muito individual.

A noção de "sensibilidade" passa a significar a atenção especial aos "sentimentos refletidos", que não se confundem com as paixões cegas e animais. É, por assim dizer, uma sublimação e espiritualização da nossa dimensão afetiva. Daí a relevância que passa a assumir a partir do século XVIII em todo o ocidente culto, chegando, neste século, a assumir proporções populares. É precisamente esta noção de "sensibilidade" que Bourdieu chama de "bom gosto" como mecanismo invisível de produção de solidariedades e preconceitos de classe. Ele não percebe a dimensão moral de aprendizado possível que habita a sensibilidade e a vê unicamente como produtora de distinção social para oprimir as classes populares. Taylor, por sua vez, não percebe adequadamente o potencial hierarquizador e produtor de preconceito desse princípio.

É que ele é as duas coisas, tanto "possibilidade de aprendizado" quanto produtor de "distinções sociais" para legitimação de privilégios. Esse princípio passa a ser importante quando é institucionalizado em universidades, museus, na esfera da arte, assim como, na sua versão pastiche, na indústria cultural moderna. Toda a indústria da cultura vive dos filmes de grande bilheteria, dos livros de autoajuda e romances *best-selller*, além das novelas maniqueístas. Esses produtos não existem para educar e estimular o pensamento crítico, mas, ao contrário, apenas reproduzem em versões conformistas e estereotipadas uma sensibilidade para ser vendida de modo fácil. Desconsidera-se, assim, que a sensibilidade só é autêntica se for descoberta e penosamente construída individualmente. No entanto, o próprio sucesso dessa indústria do pastiche e do engodo só é possível porque a noção de "sensibilidade" já tomou conta do imaginário popular, mesmo daqueles que ainda não conseguem construir uma sensibilidade autêntica e são obrigados a comprá-la. É assim que percebemos a eficácia social de uma ideia – quando ela nos domina a todos, quer queiramos ou não, quer a percebamos ou não.

A construção histórica tardia da noção de sensibilidade ou do ser humano sensível se dá por oposição à outra grande fonte de hierarquia moral do ocidente, que é a noção de dignidade do produtor útil. "Dignidade", aqui, não se confunde com a noção confusa e imprecisa que no senso comum damos a ela. Essa noção é bem mais antiga e começa a se delinear com a própria ética cristã[36] do "controle dos afetos e das paixões" pelo espírito, estando ligada à noção-valor de respeito social como advindo do "trabalho produtivo em favor do bem comum". Como o trabalho produtivo continuado exige disciplina e autocontrole, a ideia de "dignidade" passa paulatinamente a ser percebida como a capacidade de disciplinar e controlar os afetos e paixões que tornam a disciplina impossível.

A revolução protestante é apenas mais um aprofundamento dessa linha de progressão no sentido de sempre mais controle e disciplina do trabalho e do trabalhador. Se a ética cristã em sentido amplo constrói a ideia do espírito como superior que o corpo e, portanto, devendo controlar os afetos e as paixões, o protestantismo vai "sacralizar" o trabalho. Com isso, trabalhar bem vai ser o caminho para Deus e para a salvação no outro mundo. Ainda que no mundo secular a referência a Deus não seja mais obrigatória, o trabalho continua sendo a referência principal de cada indivíduo por meio da concretização da ideia abstrata de Deus que se transforma na ideia mais palpável de "bem comum". O maior ou menor respeito e admiração que destinamos a cada um na sociedade passa a depender do desempenho no trabalho. Querendo ou não, admiramos as pessoas, mesmo as que invejamos, por seu bom desempenho no trabalho. Eis outra prova concreta, que qualquer um pode testar no dia a dia, da força das ideias morais que nos constrangem inclusive a sentir o que não desejamos.

Isso significa que a fonte tanto da autoestima do indivíduo ocidental quanto do respeito social devido a ele está ligado indelevelmente ao trabalho útil. Do mesmo modo que admiramos quem trabalha bem, desprezamos ou temos pena de quem não exerce trabalho efetivamente útil, como o "trabalho" dos guardadores de carro das grandes cidades brasileiras. Trabalho e sensibilidade são as duas formas de hierarquia moral que conhecemos e praticamos, sejamos conscientes ou não dessa hierarquia. Para qualquer pessoa no ocidente moderno, as duas dimensões mais importantes da vida, que a definem como sucesso ou fracasso, são precisamente as do trabalho e da vida afetiva.

Apesar de estarmos construindo ideias com ajuda da história e da filosofia, qualquer pessoa pode perceber a importância delas na sua vida cotidiana. Para qualquer mulher e homem modernos o desafio do sucesso e do fracasso está dominado por essas duas fontes morais. Para qualquer um o que importa para uma "vida significativa" é sucesso no trabalho e no amor. Afinal, a própria noção de "amor romântico" é produto do expressivismo e da noção de "sensibilidade". Não existia a noção de "amor romântico", como a conhecemos hoje, antes do século XVIII.[37]

É uma verificação empírica da validade e da penetração das ideias que estamos aqui formulando, que qualquer um pode fazer refletindo sozinho, acerca do que realmente importa para si mesmo. Como essas ideias que nos habitam são sociais e compartilhadas, percebemos facilmente que não temos duzentas opções de dotar a vida de sentido, como nos diz o liberalismo vulgar, mas apenas essas duas vertentes que estamos descrevendo. Delas advém tudo que podemos perceber e sentir como digno de valor. Embora sejamos cegos a essa "eficácia prática" das hierarquias morais na nossa vida, posto que só vemos a ação mais óbvia do dinheiro e do poder, ela pode ser mostrada nos seus efeitos e consequências em cada um de nós, desde que reflitamos um pouco.

Tanto Bourdieu, um francês, quanto Taylor, um canadense, no entanto, supunham que a "dignidade do produtor útil" fosse algo generalizado na sociedade moderna. Afinal, tanto na França quanto no Canadá a imensa maioria da população é "digna", ou seja, tem acesso aos pressupostos sociais da dignidade no sentido aqui formulado. Embora Bourdieu tenha analisado os marginalizados da Argélia,[38] ele, como todo pensador europeu ou americano, tende a perceber o fenômeno da marginalidade como traço passageiro, no caso da transição do trabalhador despossuído do campo para a cidade, como havia sido efetivamente passageiro na Europa e nos EUA.

Minha condição de brasileiro ajudou-me a perceber, ao contrário, que a existência de classes sociais inteiras, abaixo da linha da "dignidade", é um fenômeno permanente. No Brasil e na maior parte do mundo existe uma classe social que é, inclusive, a mais numerosa no globo, a qual se singulariza pela ausência dos pressupostos para o exercício de atividade produtiva útil no contexto do "capitalismo do conhecimento"[39] de hoje. Se essa classe, a "ralé", chega a mais de 30% no Brasil, ela chega a 80% na maior parte da África e a 50% na maior parte da Ásia. Tal classe desconhecida, essa foi a minha intuição desde sempre, é o que nos singulariza verdadeiramente em relação às sociedades europeias e americanas que admiramos, e não um legado culturalista do tipo "complexo de vira-lata" que criticamos no início do livro.

Foi por isso que me dediquei, antes de tudo, a construir teórica e empiricamente a especificidade dessa classe tão importante e decisiva para a compreensão de nossa sociedade. Trata-se de um tipo de reflexão fundamental que foi relegada a segundo plano não apenas por europeus e norte-americanos, como vimos, mas também pelos brasileiros.

Em nosso país fala-se de "subproletariado", um mero conceito residual de proletariado que nada explica. O que seria, afinal, o "subproletariado"? Um pouco abaixo do proletariado? Quão abaixo? E por quê? Qual a sua especificidade? O principal não é respondido. Em certo sentido, o que cabe explicar é posto para debaixo do tapete. Pior é a denominação de "precariado", palavra com a qual se busca, por derivação do caso europeu, uma aproximação destinada ao fracasso. Precário para os europeus é aquele que se desprendeu das garantias e da segurança do pacto social democrata europeu hoje na defensiva. Isso não tem nada a ver com o caso brasileiro, que jamais teve um pacto social democrata.

Esse é o quadro na esquerda intelectual. Na visão "liberal economicista" a miopia é muito maior. Essa classe se torna mero número e número arbitrário – as famosas classes E e D –, que pretendem circunscrever uma realidade que não se compreende imaginando-se que a diferença entre indivíduos e classes possa ser capturada por um critério tão superficial – que é muito mais efeito que causa da pobreza – como a renda. Não se explica nessa pseudoexplicação hoje dominante o principal: como e por que incontáveis indivíduos se encontram nessa situação tão miserável e outros não? É isso, afinal, o que é necessário compreender.

Foi a partir da certeza de que essa questão fundamental não só para a sociedade brasileira, mas também para o mundo moderno, não era adequadamente percebida que procurei reconstruir, tanto teórica quanto empiricamente, o que significa a linha de classificação e desclassificação construída pela ideia de "dignidade". Partindo do modo como Bourdieu havia compreendido, como nenhum outro, a força prática de linhas invisíveis de distinção social e legitimação do privilégio, a partir da ideia de "sensibilidade" pelo gosto estético na França, procurei fazer esforço semelhante no Brasil com a ideia de "dignidade". Do mesmo modo que o caso francês pode ser generalizado para todas as sociedades modernas envoltas no desafio de encobrir privilégios injustos por meios sutis e imperceptíveis, também o caso brasileiro, a meu ver, pode ser generalizado, em boa medida, para todas as sociedades com grandes contingentes de marginalizados e excluídos.

Como as sociedades modernas se dizem justas e meritocráticas, essas são as duas "linhas invisíveis" – mas cujos efeitos são, ao contrário, muito visíveis, práticos e concretos para todos nós – que legitimam a separação entre quem é nobre e superior e quem é inferior e vulgar na sociedade. Ainda que as duas linhas da "sensibilidade" e da "dignidade" se misturem e as suas fronteiras sejam fluidas, a linha divisória da "sensibilidade" separa, antes de tudo, as classes do privilégio – classes alta e média – das classes populares. Seria o bom gosto do privilegiado, supostamente inato e de berço, que justificaria sua superioridade não na lei, formalmente igualitária, mas nas solidariedades e preconceitos irrefletidos e inconscientes do dia a dia de cada um de nós.

Como a reprodução dos privilégios da classe média é invisível – posto que realizada no interior dos lares de modo imperceptível

–, a classe média se torna a classe por excelência do mito da "meritocracia". Imagina-se que são as supostas maiores competência e inteligência dos membros dessa classe que constróem o seu privilégio, o qual, nesse caso, seria merecido e justo. Como toda classe privilegiada, também a classe média quer legitimar e dar a aparência de justiça ao que é acaso e reprodução de um privilégio injusto. Acaso porque não se escolhe a família – ou melhor, a classe social – em que se nasce. E condenar quem nasce em determinada família ou classe social sem culpa por seu destino miserável é flagrantemente injusto.

No caso do Brasil, nossa maior singularidade é a construção histórica de uma classe de "desclassificados", esquecidos, abandonados e desprezados por toda a sociedade, cujo principal atributo é, precisamente, a ausência parcial ou total dos pressupostos e capacidades que definem a "dignidade". Ela é, obviamente, uma indignidade produzida por uma sociedade perversa, tola e desigual. Perversa, porque culpa a vítima do abandono, como se alguém pudesse escolher ser pobre e humilhado. Tola e desigual, porque não percebe a importância de uma estratégia inclusiva de longo prazo para a riqueza e o bem-estar de toda a sociedade.

A linha da "dignidade" – que separa indivíduos e classes sociais inteiras em dignos e indignos de respeito e consideração por sua capacidade de desempenho na esfera do trabalho – nos ajuda a perceber tanto a linha divisória entre classe trabalhadora e excluídos sociais quanto o preconceito redobrado e amplificado dos andares de cima da sociedade em relação a estes últimos. Como as transformações recentes da sociedade brasileira têm a ver, precisamente, com a ascensão dos excluídos e com a reação dos setores médios a essa ascensão, esta discussão mostra toda a sua decisiva importância.

A construção da hierarquia moralista

Vimos anteriormente que o capitalismo, em todo lugar, ainda que com diferenças importantes, cria hierarquias irrefletidas e inarticuladas para substituir, na prática social, a igualdade formal explícita por uma desigualdade real implícita e escondida. Desse modo, ele pode reproduzir privilégios e aparentar ser justo e igualitário. Se as hierarquias inarticuladas do bom gosto e do trabalho útil são universais, cada sociedade, a partir de seu passado histórico, pode construir outras hierarquias invisíveis com o mesmo fim de reproduzir privilégios dando a impressão de justiça. É o que acho que aconteceu entre nós na configuração social que possibilitou o golpe.

Vimos que existe uma "linha invisível" – mas que percebemos claramente nos seus efeitos sobre nós e os outros – que separa os homens e mulheres sensíveis e de "bom gosto" dos homens e mulheres animalizados e vulgares de "mau gosto", das classes populares. Vimos também que existe outra "linha invisível" que separa os "dignos" dos "indignos". Se no primeiro caso a distinção social pelo suposto "bom gosto" cria uma legitimação simbólica, para além da igualdade legal formal, cuja eficácia em justificar privilégios injustos está além de qualquer defesa, no caso da "dignidade" o buraco é mais embaixo. Essa segunda linha invisível, posto que nunca refletimos sobre ela, separa o "humano" do "sub-humano".

Afinal, a substância do que é humano não é um dado natural, como imaginamos. O patamar da humanidade é sempre uma construção social variável e diferencial. No ocidente, como vimos, esse patamar mínimo é construído a partir da capacidade de contribuição de cada um ao conjunto dos trabalhos socialmente úteis. Mas, no capitalismo moderno, ser capaz de desenvolver trabalho útil exige pressupostos cada vez mais desafiadores para os membros das classes populares. O trabalho útil exige a *in-corporação* de conhecimento – literalmente, "tornar corpo", ou seja, tornar reflexo automático, como são as reações corporais, as capacidades ou disposições que o aprendizado de qualquer conhecimento útil pressupõe. Afinal, como vimos, receber desde o berço de mão beijada os estímulos necessários para o esforço de aprender é o principal privilégio de classe das classes médias verdadeiras, e o que permite reproduzir esse mesmo privilégio indefinidamente.

A linha da "dignidade", vale acentuar mais uma vez, já que essa noção é contraintuitiva, não trata de valores substantivos, como a percebemos no senso comum, mas sim da existência ou não de certo patrimônio de disposições ou capacidades que habilitam o aprendizado de função ou ofício útil. Esse aprendizado diferencial vai habilitar ou incapacitar mais tarde o exercício de qualquer função útil no mercado ou no Estado. É esse mesmo aprendizado ou a sua falta, portanto, que vai pré-decidir a competição social por todos os recursos escassos, sejam eles materiais ou não. Isso significa que afora os endinheirados no topo, é a luta por apropriação de capital cultural nos seus diversos patamares de complexidade e de reconhecimento o fator decisivo para a hierarquia social.

Isso é fundamental para nossa argumentação. É fundamental para compreendermos a atitude variável da elite do dinheiro e da classe média conservadora no golpe. A questão principal é que os endinheirados do Brasil podem se ver fora da luta social, posto que acima dela. Essa também é a atitude típica de uma classe dominante que não se identifica com a sociedade como um todo, ao contrário de outras elites dominantes no mundo. Como nunca criticamos nosso passado escravocrata, que foi meramente "esquecido", ele está condenado a voltar sob outras vestes. A postura de nossa classe do dinheiro é extremamente míope, com lógica de curto prazo e extrativa, como a da antiga classe escravocrata. Herdamos da escravidão não apenas subpessoas de todas as cores e "raças", animalizadas pelo abandono e tratadas como sub-humanas nas interações concretas do dia a dia. Herdamos da escravidão também o cinismo e a indiferença. A postura dos nossos endinheirados, que reflete essa indiferença, é mais ou menos a seguinte: "Desde que o dinheiro entre no meu bolso, pouco me importa o arranjo social que torna isso possível." É isto que explica, como vimos antes, a escolha preferencial pela rapina de curto prazo, sendo o contexto democrático ou ditatorial mera conveniência.

A classe média não pode se dar a esse luxo. Ela se sente em competição com as outras classes socais pelo acesso privilegiado ao capital cultural valorizado. Ao mesmo tempo, ela é uma classe média singular no mundo. Os trabalhadores precários e os excluídos trabalham para ela ganhando muito pouco de modo a poupar tempo e energia dos trabalhos domésticos e dos trabalhos sujos e pesados, para que a classe média possa se dedicar a atividades produtivas rentáveis. Existe uma óbvia exploração praticada pela classe média, primeiro do trabalho muscular de faxineiras e empregadas domésticas (até hoje a ocupação responsável pelo maior índice de emprego feminino no Brasil), depois do trabalho mal pago de inúmeros trabalhadores precários. Como se fazia com os escravos de ganho, das ruas de cidades do século XIX, e os escravos domésticos, a classe média brasileira explora há séculos o trabalho mal pago de pessoas que ela considera sub-humanas.

As provas concretas desse racismo de classe – dado que a situação de classe, do modo como a entendemos, é muito mais decisiva que a cor eventual – são inúmeras. Atropelar um pobre sub-humano jamais foi crime do Brasil. Ninguém da classe média foi preso por isso. As matanças indiscriminadas de pobres por policiais sempre foram uma espécie de política pública informal em nosso país, com grande apoio da classe média. Deseja-se uma polícia eficiente que "limpe" as ruas. Ajudar os pobres, para essa classe, sempre foi "populismo barato". Nossa tradição escravocrata jamais criticada moldou nossas classes do privilégio, condicionando o cinismo e a indiferença altiva da classe do dinheiro. Condicionou também o desprezo – que se torna ódio, dependendo da conjuntura – de nossa classe média conservadora pelos marginalizados e abandonados à própria sorte.

As políticas dos governos petistas de assistência social, transferência de renda, de cotas sociais e raciais e de estímulo ao estudo universitário significaram talvez o maior esforço de inclusão social da classe marginalizada no nosso país. Não foi criada nem de longe uma "nova classe média", como divulgado na propaganda do governo. Mas ajudou-se a mostrar que nenhuma classe, nem mesmo a dos "indignos", está condenada para todo o sempre. Ainda que a linha de continuidade da "indignidade" se construa desde a socialização familiar precária, que por sua vez condiciona a precariedade da socialização escolar – enquanto esta, por sua vez, condiciona a exclusão econômica futura no mercado de trabalho competitivo –, existe sempre remédio e melhora possível.

Ainda que este ciclo tenha sido marcado pelo elemento virtuoso com virtual pleno emprego, aumento de consumo de massa, crescimento econômico, investimentos em infraestrutura, recuperação de cadeias produtivas como a de petróleo e gás, além de uma onda de otimismo que o país não conhecia há décadas, nem todos gostavam do que viam. Economicamente houve poucos perdedores, já que os lucros do capital financeiro continuaram de vento em popa. Talvez a porção superior da classe média tenha sido dos poucos perdedores economicamente.[40]Mas na política, frequentemente, os argumentos racionais não são os mais decisivos.

Apesar de o ciclo econômico virtuoso ter dinamizando a economia como um todo, muitos, especialmente na classe média tradicional, não gostaram de ter de compartilhar espaços sociais antes restritos com os "novos bárbaros" das classes populares ascendentes. Multiplicavam-se reclamações contra os aeroportos que haviam se tornado ruidosos e cheios como antes só acontecia com as rodoviárias; os adolescentes das classes ascendentes eram percebidos como invasores em shopping centers antes exclusivos da classe média real, nos episódios conhecidos como "rolezinhos"; a entrada de milhões de novos motoristas no trânsito das grandes cidades provocava preconceito de classe. Existia um desconforto difuso na classe média tradicional que não pode ser apenas compreendido com motivos racionais. Em grande medida, a maior proximidade, tanto física quanto de hábitos de consumo, entre classes sociais que guardavam antes enorme distância precipitou e explicitou publicamente um racismo de classe antes silencioso e exercido somente no mundo privado.

Os resultados das últimas eleições majoritárias para presidente da República (2002, 2006, 2010 e 2014) já mostravam a divisão de classe que crescera e se consolidara ao longo dos anos e que hoje explode em agressividade aberta. O racismo de classe se revelou de diversas maneiras durante todo o período do Lulismo. A classe média e sua fração conservadora dominante nunca engoliram também o presidente com modos populares e com metáforas de futebol. O europeizado FHC é a imagem do país que tanto a elite quanto a classe média tradicional querem ver espelhada no exterior. Mas até junho de 2013 todas essas reclamações eram feitas privadamente, na família e em círculos de amigos, já que não "pega bem", nem é socialmente legítimo, explicitar irritações típicas de um racismo de classe que remonta às nossas origens escravocratas.

Foi nesse contexto que se deu a construção da "linha do moralismo", como mais uma forma alternativa de produzir solidariedade interna entre os privilegiados e de permitir formas aparentemente legítimas de exercer preconceito e racismo de classe contra os de baixo. A linha do moralismo é a linha divisória imaginária que separa aqueles que se percebem como superiores, posto que se escandalizam com a corrupção política partidária e estatal, daqueles que não se sensibilizam com esse tema. O sentimento de superioridade é construído pela suposta posse de uma sensibilidade moral que apenas setores educados da classe média possuiriam. Seria, portanto, a falta de educação e de inteligência dos setores populares que os teria levado, por exemplo, a continuar votando no PT, mesmo depois do Mensalão. A linha da moralidade permite, portanto, que o voto e a visão de mundo de alguns, no caso de frações da classe média, sejam considerados melhores e mais racionais do que os de outros – no caso das classes populares –, que são desqualificados como irracionais e fruto de compra populista.

Na realidade, a relação pode ser facilmente invertida. As classes populares que percebem a política como briga de ricos entre si e que esperam para ver o que, ao fim e ao cabo, sobra para elas após tanto esquecimento e abandono, não são tão irracionais assim. Já os setores da classe média, que se julgam bem-informados por consumirem sua dose diária de veneno midiático, e se deixam manipular pelos endinheirados e seus interesses, não são tão inteligentes e racionais como se acreditam. O problema é que a "linha do moralismo" é uma construção antiga entre nós. Começa com o prestígio científico de figuras como Sérgio Buarque e penetra todas as escolas e universidades com aura de conhecimento crítico. Esteve presente em todos os outros golpes de Estado, sempre contra tentativas políticas de mitigar a abissal desigualdade brasileira.

Com a ascensão do PT ao poder com base no voto das classes populares, inúmeros articulistas de jornais e televisão e intelectuais conservadores de plantão passaram a martelar o ponto de que os votos do partido eram de pessoas sem estudo e sem compreensão do mundo.[41] Um voto menos legítimo, por assim dizer. E desde o Mensalão, o divisor de águas entre quem era culto e informado e quem era inculto e mal-informado passa a ser percebido pela maior ou menor sensibilidade ao tema da "corrupção" no Estado. Não existia maior atestado de cultura superior e legitimidade moral do que se escandalizar com os casos de corrupção no Estado.

Como nos casos já examinados, a construção da percepção da corrupção no Estado como sinal de inteligência e vigor moral permite revitalizar a desigualdade de fato e tentar torná-la legítima. Como em todas as linhas morais de separação por solidariedade e preconceitos implícitos e nunca assumidos enquanto tais, é necessário animalizar o outro e torná-lo cognitiva e moralmente inferior, de modo a possibilitar o sentimento de superioridade justificado e legítimo. Ao mesmo tempo, interesses racionais e irracionais podem ser satisfeitos. A classe média tem interesse racional, como a elite econômica, na permanência de baixos salários para os pobres. Tem também uma mistura de interesses racionais e irracionais na destruição do frágil Estado de bem-estar construído para o aprofundamento do processo de inclusão. E tem todos os interesses irracionais, posto que de fundo afetivo e muitas vezes inconsciente, na ampliação da distância física e social das classes populares.

Uma fração significativa da classe média interpretou o incômodo da maior proximidade física das classes populares em espaços sociais de consumo antes exclusivos da classe média como o primeiro passo de um processo que podia significar uma ameaça aos privilégios reais de salário e prestígio. Esse aspecto é irracional, já que a qualidade da incorporação do capital cultural típico da classe média é outro. Mas para quem estava acostumado ao isolamento de espaços exclusivos, é compreensível que o medo do compartilhamento de espaços se transforme em medo da disputa pelos verdadeiros privilégios de classe.

O ataque cerrado da mídia manipuladora ao PT e o ataque concatenado a Lula não foram, portanto, ataques a pessoas ou a partidos específicos. Foram ataques a uma política bem-sucedida de inclusão das classes populares que Lula e o PT representaram. Inclusão social essa que, malgrado todas as falhas que se possa apontar, teve significado histórico que não será esquecido. Como veremos mais à frente, o combate seletivo à corrupção pela imprensa e seus aliados no aparelho de Estado foi mero pretexto para combater uma política redistributiva. A imprensa comprada e sócia do saque feito pelo 1% de endinheirados a toda a população se uniu a interesses corporativos de todo tipo para derrubar um governo unicamente por sua vocação comparativamente mais popular.

Se a corrupção fosse o problema real ter-se-ia dado ênfase aos aspectos institucionais que evitassem a compra da política pelo dinheiro, com a defesa do financiamento público de eleições à frente. O que se viu, no entanto, foi um show de hipocrisia e de perseguição a Lula e ao PT, deixando de lado todos os outros partidos e políticos. Falsidade e hipocrisia maior, impossível. Que muitos tenham acreditado nessa farsa, deve-se aos interesses racionais e irracionais da parte mais conservadora da classe média que, "afetivamente", ansiava por um pretexto para expressar seu ódio de classe.

Foi a união entre uma violência simbólica inaudita, comandada pela imprensa, com uma base social que ansiava por travestir seu ódio e seu desprezo de classe, reprimidos durante todos os anos anteriores de governo petista, em uma bandeira hipócrita mas "racional" de guardiã da decência e da moralidade. Esse é o componente proto-fascista do golpe. Ele envolveu a manipulação consciente do medo de uma classe social que se percebia ameaçada. O fascismo europeu dos anos 1920 e 1930 se alçou ao poder pelo mesmo mecanismo e pelo mesmo tipo de manipulação.

Foi esse medo, representado pela rápida ascensão social de setores populares, que ajudou a consolidar uma barreira de classe ao projeto inclusivo do PT. Faltava a narrativa adequada, um discurso que tornasse racional o medo irracional, e um líder carismático com o mesmo peso que Lula tinha junto às classes populares. O discurso foi o moralismo de ocasião típico do combate seletivo à corrupção que já discutimos. O líder carismático foi o juiz Sérgio Moro, que "exemplificava" e sintetizava nas suas maneiras e nas suas ações, ou seja, na sua estética e na sua moral, os anseios dessa classe por uma higiene moral redentora do país. Examinaremos agora a construção do discurso e do mito carismático.

CAPÍTULO 2

O golpe "legal" e a construção da farsa

O ovo da serpente: as manifestações de junho de 2013 e a construção da "base popular" do golpe

Existe uma linha clara de continuidade entre as glorificadas e midiaticamente manipuladas manifestações de junho de 2013, as assim chamadas "jornadas de junho", e o golpe de abril de 2016. Nesse intervalo de quase três anos, o ataque ao governo federal foi realizado sem tréguas até a vitória final no processo de impeachment. As manifestações de junho de 2013 marcam o ponto de virada da hegemonia ideológica até então dominante e das altas taxas de aprovação aos presidentes dos governos petistas. Na verdade, representam o início do cerco ideológico até hoje mal compreendido pela enorme maioria da população. A grande questão é como protestos localizados com foco em políticas municipais foram manipulados de tal modo a se "federalizarem" e atingirem a popularidade da presidente Dilma, que àquela altura gozava dos mais altos índices de aprovação no seu governo.

No início as manifestações foram capitaneadas pelo Movimento Passe Livre (MPL), que tem como bandeira central a tarifa zero para o transporte público. O MPL lutava na ocasião contra o aumento recente das passagens de ônibus, muito especialmente na capital paulista. Os estudantes eram tanto de classe média quanto da periferia da capital e já espelhavam um descontentamento talvez maior que o simples aumento das passagens. Os jovens da periferia estavam tendo acesso às universidades, mas os empregos disponíveis eram precários e de baixa produtividade.[42] Ao menos em parte, a insatisfação podia já antecipar um fenômeno acontecido na Europa do pós-guerra que universalizara o acesso à escola e à universidade, incluindo também as classes populares. É um fenômeno que Pierre Bourdieu chamava de "inflação do diploma", para mostrar que o diploma, do mesmo modo que a moeda, quando produzido em quantidade excessiva e posto em circulação, já não vale o que valia antes para outras gerações.

Havia aqui material para criticar o governo. Mas seria uma crítica benigna para aprofundar o processo inclusivo que exigiria, por exemplo, uma nova base produtiva capaz de gerar empregos melhores e mais bem pagos. Não foi esse, no entanto, o caminho da mídia conservadora no seu papel de "partido político da elite do dinheiro".

Dilma reagiu ao tema da corrupção de modo ambíguo. Ao mesmo tempo em que tentou lançar o tema da reforma política como central no debate – e perdeu a batalha para a mídia dominante, que manteve o padrão da "fulanização seletiva" –, se aproximou do tema como "combatente" pessoalmente envolvida na cruzada anticorrupção. Ao fazê-lo de modo acrítico, se deixando colonizar pelo discurso do inimigo, ficou à mercê de um processo que não mais conduzia. Pior: terminou acreditando na farsa da imparcialidade da operação Lava Jato até quando ficou muito tarde para qualquer reação.

Historicamente, apenas o tema da corrupção, no Brasil, propicia a manipulação perfeita do público cativo: aquela que não toca nem de perto no acordo das elites nem nos seus privilégios e permite focar todo o fogo no inimigo de classe da ocasião. Trata-se de um tema que não oferece nenhuma reflexão e compreensão real do mundo, mas que possibilita todo tipo de distorção, seletividade e manipulação emotiva de um público cativo. Mas não existia à época nenhum escândalo para ser manipulado. Como proceder à sistemática distorção e fraude da realidade nesse contexto?

Se tomarmos o Jornal Nacional, da Rede Globo, uma espécie de porta-voz da reação conservadora extraparlamentar que se forma nas ruas do país e que só se conclui com o impeachment da presidente eleita, podemos acompanhar passo a passo esse processo. O que se chamou mais tarde de "jornadas de junho" começou como manifestação de alguns milhares de jovens contra o aumento das passagens de ônibus em diversas capitais brasileiras, com epicentro em São Paulo. No dia 10 de junho de 2013, aconteceu a primeira referência do Jornal Nacional às manifestações. Como toda referência inicial, ela foi negativa, enfatizando o "tumulto", o prejuízo ao trânsito e o incômodo à população.

No dia 12 de junho o Jornal Nacional fez novas menções negativas aos protestos, e a palavra "vandalismo" tornou-se recorrente como modo de designar o movimento. Ocorreram ataques e depredações a cerca de oitenta ônibus e a várias estações de metrô em São Paulo. O Jornal Nacional mostrou cidadãos reclamando do tumulto e da perturbação da ordem. Até esse ponto, apenas a prefeitura e o governo estadual eram alvos. Os manifestantes foram criminalizados e alguns foram presos por formação de quadrilha e depredação, crimes inafiançáveis. No dia 13 de junho a cobertura jornalística seguiu o mesmo padrão anterior. Imagens da Av. Paulista bloqueada e do centro do Rio mostravam provocações de manifestantes ainda criminalizados. O protesto era visto como passageiro em meio à Copa das Confederações, que ainda dominava o noticiário. A PEC 37 foi pela primeira vez mencionada pelo jornal, ainda que, como mostra uma pesquisa do Ibope[43], sua importância fosse apenas marginal nesse início de manifestações.

É interessante notar aqui já um início da articulação e do conluio entre o aparato jurídico-policial do Estado e a imprensa. A

PEC 37 e sua crítica passa a ser frequentemente referida pelo Jornal Nacional como uma demanda cada vez mais importante das "ruas". A PEC limitava a atividade de investigação criminal às polícias federal e civil dos estados e do Distrito Federal, como, aliás, acontece na maioria dos Estados democráticos. Isso contrariava o desejo dos integrantes do Ministério Público, que também queriam investigar e acusar, o que por sua vez contrariava a divisão de trabalho típica do judiciário. A ideia aqui é que haja controles recíprocos e nenhum órgão possa monopolizar todas as ações e momentos processuais. O "agrado" do JN ao MP já lançava as primeiras bases da atuação em conluio.

No dia 15 de junho foram noticiados pelo Jornal Nacional também os protestos dos produtores rurais contra os índios e a política de demarcação de terras da Funai. A proposta era retirar do executivo o protagonismo nessa área e passá-lo à mão do Congresso. A reportagem foi amplamente favorável aos proprietários. Também a manifestação de oito mil pessoas em Belo Horizonte ainda era centrada no preço da passagem do ônibus. Por isso a cobertura continuava sendo negativa, focando o incômodo causado pelas manifestações. Mas já havia certa "compreensão" dos motivos dos manifestantes. O Jornal Nacional começava a perceber o potencial de crítica ao governo, mas ainda não se descobrira a federalização. A crítica se concentrava ainda nos transportes públicos, que são atribuição municipal.

A cobertura do dia 17 de junho mudou o panorama completamente. O protesto passou a ser definido como pacífico, e a bandeira brasileira se tornou seu símbolo. Agora os protestos eram tidos como "expressão democrática" e já não se dizia que causavam tumulto ou prejuízo ao trânsito. O sentido mudou de negativo para positivo. A ênfase em bandeiras específicas, como os protestos contra os gastos da copa do mundo, a PEC 37 e, em sentido ainda abstrato, contra a corrupção, se iniciam e consolidam a federalização aberta do movimento. Os apresentadores do jornal passavam a dizer com rosto feliz e sorriso aberto que tudo era pacífico. Os tumultos agora eram produto de uma "minoria de vândalos".

No dia 18 de junho a cobertura passou a combater a repressão aos movimentos agora vistos como pacíficos, ainda que alguns dias atrás o jornal mostrasse preocupação com o "vandalismo". Imagens de Lisboa e Londres mostraram protestos pelo respeito às manifestações. Bandeiras do Brasil e rostos pintados como nas "Diretas Já" apareceram por todos os lados. Começava a criação estética e moral do movimento antigoverno federal capitaneado pela grande imprensa: os ritos passaram a ser cantar o hino nacional, vestir a camisa da seleção, ter a cara pintada e usar a bandeira nacional. Mudaram não apenas as bandeiras iniciais do movimento, mas também o público que as apoiava. Em vez de jovens e estudantes, tínhamos agora famílias de classe média com perfil de renda alta.[44]

A cobertura do Jornal Nacional no dia 19 de junho passou por uma transformação decisiva. A federalização dos protestos, com o objetivo de atingir a figura da presidente, começou a ganhar corpo com a criação de palavras de ordem pelo próprio jornal, que passava agora a promover e incentivar as manifestações como explosão democrática do povo brasileiro. Pela primeira vez o Jornal Nacional mostrou queda de popularidade da presidenta Dilma: de 79% de contentamento com o governo em março de 2013 – sua maior aprovação histórica – para 71% em junho. Apesar de a queda inicial ter sido apenas moderada, percebia-se claramente que os protestos podiam ser canalizados para atingir a presidenta.

O jornal Nacional cerrou fileiras contra a presidenta e seu governo. Os temas que se tornariam clássicos mais tarde se constituíram aqui. A bandeira da antipolítica e antipartidos surgiu. Inflação e custo de vida se tornaram bandeiras e substituíram a passagem de ônibus. Entraram com toda força o ataque à PEC 37 e o tema cada vez mais importante da corrupção. O jornal chegou a dizer que "quem é contra a PEC 37 não precisa cobrir o rosto". Disse também que a Globo pretende "dar voz aos manifestantes" e por isso lamenta a depredação de carros da imprensa que começa a acontecer. O ataque à imprensa se dá por uma pequena minoria de manifestantes que perceberam, precisamente, a manipulação midiática de um processo que estava em seu comando no início e que foi paulatinamente tomado pela atuação combinada dos órgãos da imprensa conservadora.

O jornal do dia 20 de junho, dia de grandes comícios, mudou o tom da cobertura de vez. Lamentavam-se ainda alguns casos de manifestantes "radicais" isolados, mas no Rio e em São Paulo comemorava-se abertamente o dia de manifestações históricas, com ampla maioria da classe média conservadora que viria a ocupar o palco da política conduzida midiaticamente até o impeachment em abril de 2016. O fim da corrupção já se tornara a palavra mais importante depois que as tarifas de ônibus foram abaixadas, transformando-se na bandeira central de todo o movimento conservador a partir daí.

Os partidos políticos foram demonizados, já que, como sabemos, apenas os partidos de esquerda têm capilaridade e militância. Estes seriam vistos com desconfiança, já que se começa aqui a criminalizar a política enquanto tal, o que só aumentaria com a manipulação midiática da operação Lava Jato. Como em todos os movimentos autoritários, os militantes viriam a se perceber como únicos defensores da nação como um todo, "representando o Brasil" de modo indiviso e apartidário. É a política dos pretensos apolíticos. Para o Jornal Nacional, as manifestações, dominadas pelo público que a imprensa chamava à rua, passavam a ter a qualificação de uma verdadeira "festa pacífica e democrática".

A cobertura do dia 21 de junho já mostrava que o esquema de distorção e manipulação dos fatos estava concluído. Ainda sobravam incompreensões sobre o movimento, enquanto a CNBB apoiava as manifestações, enxergando-as no campo da luta contra a desigualdade. Qualquer apoio agora era comemorado e canalizado. O Jornal Nacional deu cobertura à matéria do New York Times sobre as manifestações, que as interpretava como reclamação contra os "serviços públicos precários", significando que a maioria da população não estaria satisfeita com as promessas petistas. A ala direitista da classe média, que passa a ser o núcleo central do movimento, tendia a ser percebida como "o povo" clamando nas ruas. Os "baderneiros" eram agora agentes infiltrados no movimento democrático e pacífico.

Uma repórter do jornal *O Globo* perguntou ao líder do Movimento Passe Livre, que pretendia encerrar o movimento, já que o aumento das passagens fora revogado, se as "outras pautas", como a PEC 37 e o combate à corrupção, não merecem também continuar. O líder respondeu que essas jamais foram pautas do movimento e se declarou contra a hostilização de partidos políticos. A manifestação perdia seu sentido popular e reivindicativo e se tornava uma "festa popular" contra a corrupção e a ladroagem na política, o que se tornava definitivamente a bandeira central. O PT e os manifestantes da esquerda foram hostilizados. Aqueles ligados a partidos políticos foram expulsos. A Fiesp exibiu a bandeira do Brasil em seu prédio.

As coberturas dos dias seguintes apenas aprofundaram o veio, enfim encontrado, para a federalização de conflitos antes localizados e municipalizados. A estratégia foi buscada no dia a dia, em teste empírico" e tentativa e erro – método, aliás, que seria desenvolvido em todas as outras estratégias que redundariam, finalmente, no golpe de abril de 2016. Procurou-se premeditadamente e a sangue frio testar o gosto do público e inserir pautas antes estranhas ao movimento, como no caso mais claro do apoio à derrubada da PEC 37. O sentido aqui foi fazer um "carinho", materializado pelo apoio explícito de pautas corporativas do aparelho jurídico-policial do Estado a sempre mais poder sem controle, um prenúncio das estratégias de "vazamento seletivo" que se daria mais tarde. A PEC 37 passou a ser a senha de apoio midiático para as corporações jurídicas do Estado e seu projeto de aumento do poder corporativo que lhes assegurava privilégios que os cidadãos comuns sequer sonhavam, lhes propiciando apropriar-se da agenda do Estado.

A mídia passou, a partir de junho de 2013, a se associar às instituições do aparelho jurídico-policial no processo de deslegitimar o governo eleito. Palavras de ordem como "Muda Brasil", como forma cifrada de invocar a verdadeira bandeira – "Muda (de governo) Brasil" – passaram a dominar o imaginário das manifestações. A corrupção ganhava cada vez mais proeminência, e os gastos com saúde e educação – que nunca haviam sido tão expressivos como agora – eram sempre mencionados de modo negativo ao governo. Ocorre, na realidade, uma inversão de perspectivas que não deixa de confundir a todos: o governo federal que mais havia investido em educação e saúde passa a ser a vítima única da atenção midiática que, conscientemente e de caso pensado, confunde e embaralha as competências federativas de tal modo a que toda culpa caiba unicamente ao governo federal.

A reação governamental tentou canalizar as manifestações para tirar da imobilidade diversos projetos de interesse popular que se encontravam parados no Congresso, por conta do perfil conservador das duas casas. No dia 24 de junho o governo propôs uma reforma política para combater a corrupção e cinco pactos: transporte público, reforma política, corrupção como crime hediondo, médicos estrangeiros e a destinação de 100% do pré-sal para educação. A resposta foi inteligente, mas tardia e pouco efetiva. Ela não só teve reação por parte do Congresso como esbarrou no desinteresse da mídia, que experimentava o auge de seu poder de pautar a agenda política relevante. O Jornal Nacional continuava nesse mesmo dia martelando a PEC 37 na esperança, que se revelaria um verdadeiro "filão de ouro" para a estratégia golpista mais tarde, de cooptar o alinhamento do aparelho jurídico-policial, com o objetivo de deslegitimar o governo federal.

A reforma política – na verdade, a única resposta racional à manipulação midiática que passou a se estender às ruas – foi transformada em proposta por plebiscito popular, já que a Congresso barrava a reforma. Mas o bombardeio contra a proposta já começara. A grande aposta era a da reforma política paralisada há muito tempo no Congresso, mas nenhum peso foi atribuído a ela pela mídia supostamente tão interessada no combate à corrupção. No dia 29 de junho, finalmente, o Jornal Nacional colheu o sucesso retumbante da violência simbólica tão bem perpetrada: foi mostrada uma pesquisa segundo a qual a aprovação popular da presidenta despencara em queda livre. Ela perdera 27 pontos percentuais desde o início dos protestos, os quais visavam na sua origem a questões locais e municipais. Era a maior queda de popularidade da presidenta desde o início do mandato.

Era o sucesso absoluto da campanha midiática pela federalização das manifestações e pela personalização do descontentamento na pessoa da presidente da República: ocorrera queda de 35 pontos na popularidade de Dilma se a comparação se der com o mês de março de 2013, quando a presidenta gozava de sua maior taxa de aprovação popular. A rejeição também aumentara de inexpressivos 7% para 25%. Sucesso total da violência simbólica. Esse foi o efetivo começo do golpe.

O casamento entre mídia e classe média conservadora

Já temos aqui, em junho de 2013, o delineamento geral de todas as forças que se articulariam mais tarde no golpe de abril de 2016. Algumas alianças se consolidaram durante o processo e outras começaram aqui a se desenvolver. A aliança que se consolida é aquela entre a mídia e a classe média conservadora. A aliança que se descortina, a partir do apoio midiático à derrubada da PEC 37 – que na pesquisa Ibope citada antes não havia sido mencionada por ninguém como razão espontânea de ida às ruas –, é o conluio com o aparelho jurídico-policial do Estado. Essa última aliança se constrói especialmente no decorrer do ano de 2015 como produto da divisão de trabalho, com o fito de deslegitimar o governo eleito, o que a operação Lava Jato permite levar a cabo com retumbante sucesso. Esse ponto será analisado a seguir. Agora nos interessa examinar a construção de uma suposta "base popular", que é de fato uma base elitista fundada nas classes do privilégio, para o processo golpista.

É importante perceber todo o alcance da aliança entre mídia conservadora e a construção de uma classe média "revolucionária", que tem início em junho de 2013. Com o sucesso da estratégia de pautar as manifestações e distorcer seu sentido inicial de modo a atingir o executivo e federalizar o descontentamento difuso da população, a mídia dominante percebeu sua força de criar uma realidade virtual. Efetivamente, como mostra o exemplo do Jornal Nacional, a habilidade de distorcer pautas populares espontâneas e conseguir manipulá-las para enfraquecer o executivo, que gozava de amplo apoio popular até então, foi extraordinária.

Seu sucesso se dá, na ocasião, de forma ainda limitada. Sua base de apoio real em junho de 2013 ainda é a velha classe média conservadora, que nunca havia comprado a pauta de reforma social petista e que sempre votara contra esse projeto em todas as eleições. Até aí, nenhuma novidade. Mas essa classe ganha nesses episódios, por força da construção da narrativa midiática que lhe reserva o papel de "herói cívico", um estímulo novo e gigantesco. A intensidade do apoio aumenta, e a mobilização desses setores chega a graus inéditos na história do país. A direita conservadora e moralista de ocasião começa a sair do armário e se assumir.

A novidade aqui não é o simples acordo de sentimentos e de visão de mundo, que sempre existiu entre as grandes redes de TV e os grandes jornais e esse seu público cativo há décadas. O que é novo, tornando-se um dado decisivo a partir de 2013, é a verdadeira conversão midiática desse ator político conservador normalmente discreto e recluso em "classe revolucionária" com extraordinária e súbita autoconfiança, podendo exprimir-se nas ruas sem qualquer vergonha ou pejo. Em vez de reclamar a boca pequena, apenas entre amigos, dos rolezinhos dos jovens da periferia de São Paulo, ou do "populismo petista" com os programas de transferência de renda, ou ainda dos aeroportos, "com gente sem educação e que fala alto", tornando-os mais parecidos a rodoviárias do que aos antes seletivos aeroportos para uma minoria, essa classe, agora, se torna "orgulhosa" de si mesmo.

Esse é um fenômeno que ainda precisa ser bem compreendido por nós. O sentimento escravocrata que contamina a elite com indiferença *blasé* em relação aos destinos do país e de sua gente é, na verdade, não só compartilhado, mas intensificado na fração conservadora da classe média. E por boas razões. O desprezo em relação aos pobres a quem culpam pela própria pobreza – afinal, a culpabilização da vítima permite que não se procure os responsáveis pelo esquecimento secular e pela humilhação diária – faz parte, de certo modo, da construção da certeza da própria distinção. O processo acelerado de inclusão social brasileira entre 2003 e 2013 – via, sobretudo, a valorização real do salário mínimo além da inflação – fez com que os pobres tenham acesso a oportunidades de consumo que nunca haviam tido.

O mero fato da proximidade física dos pobres em lugares antes reservados à classe média trouxe à baila um racismo de classe perverso que se mantinha escondido do debate público nas condições de extrema desigualdade que o país vivia. O compartilhamento dos mesmos espaços sociais irrita e incomoda ainda mais com a nova postura e atitude das classes populares de desafiar o olhar incômodo, como comprovam iniciativas como os rolezinhos.

Mas isso não é o pior. Muito pior que compartilhar espaços antes exclusivos é o "medo" – irracional, neste caso – de que a ascensão social ameace muito mais que os espaços exclusivos. A classe média passa a ter medo de que também seus privilégios de classe e seus empregos sejam ameaçados. Esse medo é, em grande medida, irracional, posto que a ascensão das classes populares se dá muito mais pela via do consumo do que pela via da incorporação de capital cultural reconhecido que é o grande mecanismo da reprodução dos privilégios de classe da classe média. Mas as medidas do segundo governo Lula no sentido de ampliar as chances de acesso ao capital cultural e o conhecimento valorizado também para as classes populares já são o começo importante de um processo que, segundo se imaginava à época, seria irreversível.

Diferentemente da classe alta, que se dá o luxo de ter um desprezo *blasé* pelos pobres, posto que nada ameaça seu controle do capital econômico, firmemente concentrado em suas mãos, a classe média do capital cultural legítimo, ainda que a distância social seja imensa, começa a imaginar razões para temer o processo em curso de arregimentação e ascensão das classes populares. "Populismo" torna-se cada vez mais uma palavra que não sai da boca de muitos, inclusive de editorialistas de jornais e TV que desejam aproveitar a ocasião para arregimentar seu público. A acusação de populismo é muito interessante. Ela indica que alguém estaria se aproveitando da ingenuidade dos pobres para se consolidar no poder. O "bom" nesse caso seria continuar a esquecer e abandonar os pobres, como a maioria havia feito até então, já que assim eles não seriam feitos de tolos.

Se agradar a maioria é populismo, a boa democracia é, então, aquela que os esquece e se dedica à minoria de privilegiados. Afinal, ninguém poderia chamar de populismo a ajuda a essa minoria. Isto, por pura e simples dedução lógica. A crítica ao "populismo", que criminaliza a atenção à maioria esquecida, apesar de absurda, é ouvida o tempo todo durante esses anos, e não apenas da boca dos não especialistas da classe média, mas também de intelectuais, em livros e jornais. Mas a própria dificuldade com a noção de populismo[45] como meio de deslegitimar as medidas de apoio à parte de baixo da população mostra que a classe média conservadora e os partidos que a representam estão na defensiva, sem um discurso articulado e convincente. Por conta disso, perdem todas as eleições para presidente, e perdem também a hegemonia ideológica – ou seja, não possuem a narrativa mais convincente para descrever o rumo a ser tomado pela sociedade – para a esquerda do espectro político.

É precisamente nesse contexto que as decantadas "jornadas de junho" vão possibilitar o vislumbre de uma nova narrativa para a direita e seu público. O caráter enigmático e multifacetado das manifestações ajuda enormemente a montagem de uma farsa midiática. O início das manifestações mistura tanto estudantes de classe média quanto estudantes da periferia, os quais, ao menos em parte, expressam insatisfação não só com serviços públicos precários, mas também com a falta de empregos de maior qualificação[46], já que o pleno emprego daquele período estava ligado ao mercado menos qualificado. O governo vinha investindo maciçamente em vagas sociais e raciais e ampliando as universidades públicas e escolas técnicas, o que criava uma demanda por empregos de maior qualificação que não podia ser atendida sem modificações na matriz produtiva.

Um dos fatores da insatisfação difusa parece ter sido, portanto, o efeito não intencional de políticas virtuosas de maior inclusão das classes populares, com acesso ao capital cultural de maior reconhecimento e prestígio. Com a expansão da educação superior para os setores populares, estaria ocorrendo uma "inflação do diploma" universitário, uma vez que ele não "comprava" mais o que prometia: acesso a melhores empregos, com maior qualificação, que afinal não são tão numerosos quanto os de baixa qualificação. Como já havia ocorrido com países europeus que massificaram o ensino superior,[47] estaríamos experimentando uma frustração típica do público mais jovem, que não recebe mais o que gerações anteriores puderam desfrutar.

Além disso, houve confusão tanto real quanto deliberada acerca do caráter antipolítico do movimento pela rejeição às vezes violenta de bandeiras de partidos políticos. Muitos perceberam nisso o nascimento de uma "nova forma de fazer política", contrária à forma fossilizada e burocratizada dos partidos tradicionais. Criou-se então uma oposição entre uma "política viciada", tendencialmente corrupta e distante das ruas, e uma "nova política", supostamente mais espontânea, com maior capilaridade social, em grande parte possibilitada pelo uso das mídias sociais, que foram uma importante base de arregimentação política das manifestações. A candidata às eleições presidenciais seguintes, de 2014, Marina Silva surfou nessa onda como ninguém e chegou a obter índices expressivos de popularidade no período. A associação temporal com a "primavera árabe", que ocorria no norte da África – e que também fora ingenuamente interpretada como renascimento democrático, mas dos países islâmicos –, aumentou a falsa impressão de novidade.

Como se veria depois de modo mais claro, o suposto novo era, pelo menos em grande medida, o que a "novidade" é, na imensa maioria das vezes, mais ou menos em todo lugar: mera máscara de algo muito velho, ansioso por parecer novidade. No nosso caso, tratava-se de uma máscara da velha e surrada rejeição conservadora e antidemocrática à política vista como suja e corrupta. Assim, em vez da novidade da "nova política", o que tivemos foi a arregimentação política dos setores mais conservadores da sociedade brasileira e sua virtual transformação em "classe revolucionária" da direita, por meio do aprofundamento da gigantesca manipulação midiática iniciada em junho de 2013 nos episódios da eleição presidencial de 2014 e, logo depois, na Lava Jato.

A verdadeira novidade das "jornadas de junho" foi a reconstrução, repaginada e turbinada – uma espécie de versão 2.0 – de um ator político velho e bem conhecido da história brasileira: a fração da classe média moralista e conservadora, que sempre desprezou e odiou os pobres, representantes da maioria da população brasileira. É essa fração que torna as manifestações verdadeiros "fenômenos de massa" a partir do dia 19 de junho, quando a mídia já se preocupa em separá-la cuidadosamente da minoria de "vândalos". É também quando as manifestações passam a ser percebidas pelo Jornal Nacional como uma "grande festa democrática". Nesse sentido, constrói-se para esse suposto "ente novo" na nossa política uma nova estética e uma nova moral.

A nova estética foi extremamente importante. A camisa da seleção brasileira e a bandeira nacional se tornaram os símbolos que ninguém mais conseguiu retirar ou sequer disputar com essa fração de classe. É uma camisa que passa a mensagem mais importante:

"Não somos de nenhum "time", como não somos de nenhum partido. Nosso time é a seleção, e nós torcemos pelo Brasil." O ufanismo do país indiviso que não tolera a diversidade e ao mesmo tempo se põe como único representante da nação, um protofascismo óbvio, não só não foi criticado pela mídia. Foi, ao contrário, louvado e estimulado. O Jornal Nacional sugeria em suas coberturas que os "amarelinhos", quando iam às ruas, reagiam espontaneamente, enquanto os "vermelhos" eram militantes profissionais sectários.

Esses símbolos conseguiram também passar a impressão para boa parte do público de que essa fração privilegiada, branca e bem-vestida representava o "interesse nacional" em uma mudança para o melhor para todos. O componente moral também foi decisivo. Ele atuou em dois sentidos. O primeiro foi incutir nessa fração de classe o sentimento de protagonismo no movimento, ainda que, na verdade, fosse mero instrumento de manipulação do consórcio elites/mídia. Esse sentimento foi construído com maestria sob a batuta do Jornal Nacional. O segundo dado decisivo da construção "moral" desse grupo foi a substituição, construída pouco a pouco, das bandeiras por melhores serviços públicos pela bandeira – a essa altura ainda abstrata – do combate à corrupção e à PEC 37.

Essa fração se via agora como "poderosa", dada sua transformação midiática de mera massa de manobra e tropa de choque em suposto protagonista, e, mais importante, legitimada naquilo que tanto por horizonte cognitivo quanto afetivo sempre havia defendido. As críticas ao "populismo petista" e aos seus programas de governo deixaram de soar, de uma hora para outra, como reclamação ilegítima de fração privilegiada. Ao contrário, elas adquiriram a fachada de engajamento político e democrático contra o "mundo sujo" da política, acentuada pelo caráter pacífico e festeiro das manifestações a partir da entrada massiva dessa fração. Estava criada a suposta base social do golpe. Uma fração descontente com a política por conta das seguidas derrotas eleitorais de seus representantes se descobria de uma hora para outra como portadora do bem, da nacionalidade e da moralidade pública.

A “moralidade” é o terreno de apreensão tanto cognitiva quanto moral do mundo, muito especialmente para os setores sociais médios. Como a complexidade do funcionamento da engrenagem social é muito alta e desafiadora, a perspectiva da moralidade faz possível tornar o mundo compreensível do mesmo modo que as novelas e os filmes de grande bilheteria. O mundo deixa de ser um palco de interesses opacos em disputa, para se tornar supostamente transparente; um lugar onde as boas ou más intenções de seus atores se transformam nos pilares do entendimento. Assim, torna-se possível separar o mundo entre bandidos e mocinhos, com base em uma oposição binária e simplista, mas de fácil compreensão, posto que colada nas avaliações práticas que todos realizam no senso comum do dia adia. A mídia passa a ser a instância que torna esse julgamento e separação entre as pessoas boas e más possível e crível, simplesmente ampliando o horizonte interpretativo das novelas e repassando-o à política e à sociedade.

Paralelamente à dimensão cognitiva, temos uma esfera ainda mais importante para a cooptação dessa fração de classe, que é a dimensão afetiva. A imensa maioria de nós, seres humanos, não tende nem a aceitar nem a amar a verdade, como já dissemos. São necessários requisitos raros para o enfrentamento de qualquer verdade, seja na vida pessoal, seja na vida coletiva. Para começar, a verdade quase nunca é agradável aos nossos ouvidos. Ela mostra, por exemplo, que quase sempre temos responsabilidade naquilo que adoramos imputar aos outros. Nossa predisposição, por conta disso, é toda reservada à “legitimação da vida” que efetivamente levamos. Adoramos justificar aquilo que já somos. A autocrítica é tão rara quanto um belo diamante.

O discurso midiático inteligente e manipulador transformou a classe média no seu sonho de si mesma, na sua autoimagem idealizada – que é sempre infantil. Em lugar de ódio aos pobres – como mostra o apoio, silencioso ou explícito, à matança indiscriminada de pobres nas grandes cidades brasileiras ou a humilhação diária de serviçais, ou ainda o profundo incômodo com as políticas de inclusão social dos governos petistas –, essa fração podia se ver agora, como que por milagre, como locomotiva da nacionalidade nas ruas. Por oposição aos "de cima na sociedade", com quem a classe média conservadora mantém uma ambígua relação que mescla ressentimento e inveja, essa fração podia se ver como a única "do bem", a única verdadeiramente moral e decente. A versão turbinada da classe da moral e da decência, que ela não só representa, mas que agora ativamente incorpora de modo corajoso nas ruas, enfrentando perigos e ameaças, é o que cria a fração de "classe revolucionária" da contrarrevolução popular que o golpe representa.

A integração dessa fração de classe à dinâmica do golpe foi decisiva para seu sucesso posterior. Foi o contrário do que ocorrera em 2005, no Mensalão – a primeira tentativa de "golpe branco" a partir da associação entre elites econômicas, Congresso comprado, mídia manipuladora e justiça "justiceira". Nesse caso, faltara o elemento popular, indispensável para o sucesso de qualquer golpe de Estado. O Mensalão foi uma espécie de ensaio geral do golpe aplicado em abril de 2016. A mídia conservadora foi pega de surpresa e apostou no desgaste do PT nas eleições seguintes, em 2006.

Foi aí que se percebeu a sensibilidade especial da classe média, especialmente da sua fração mais conservadora, mas não apenas ela, ao tema da corrupção. É que, em linhas gerais, a bem-sucedida política de inclusão social do governo havia logrado obter a fidelidade dos setores mais pobres. Para eles, a corrupção e o engodo de forma geral são um dado universal da "política dos ricos", e o decisivo é a existência ou não de políticas que contemplem uma melhora de sua situação social. Essa posição é tida por muitos como prova de que a falta de educação formal implicaria menor compreensão da política e da importância da corrupção nesse terreno. Mas a verdade é o contrário. Os pobres demonstraram uma extraordinária racionalidade prática, provando-se menos propensos que a supostamente mais crítica e refletida "classe média" ao não se deixar fazer de tola por um discurso sempre partidário e seletivo da corrupção que persegue alguns e blinda outros.

Nas eleições de 2014, um fenômeno parecido ocorreu. Ainda que a margem da vitória eleitoral tenha sido muito pequena, uma clara divisão de classes se estabeleceu. Seja no perfil regional que opõe Sul e Sudeste ao Norte a ao Nordeste, seja no mapa interno das grandes cidades, que opuseram suas periferias aos centros urbanos, o país se mostrou dividido, com pequena vantagem das classes populares mais numerosas. A tentativa de usar os protestos de junho de 2013 contra a presidenta teve sucesso apenas parcial. A reação da presidenta, com seu discurso no dia 21 de junho de 2013 à nação, foi parcialmente bem-sucedida ao, corretamente, reinterpretar as manifestações no sentido de atender as reivindicações populares da primeira metade da onda de protestos. Essa estratégia correta serviu de proteção pelo menos parcial à demonização do governo pretendida pela mídia conservadora.

Ao mesmo tempo, a interpretação de centro-direita das manifestações, próxima à candidata Marina Silva, que havia surfado na onda que as percebia como um clamor por uma política "renovada" de tradição burocrática e aberta aos novos meios de comunicação, mostrou seu artificialismo. Com uma agenda política típica do que chamo de "classe média de Oslo", em que a hierarquia das questões percebidas como centrais refletem uma "agenda escandinava", de países que superaram a pobreza e a miséria social, a candidata não se manteve como competidora a ser levada a sério por muito tempo. Ela se revelou como tentativa de uma direita que procurava se reinventar e dar um toque charmoso e europeizado à mesma hegemonia econômica que animava a direita do espectro político. O fato de ser uma coisa e querer parecer outra permitiu uma desconstrução impiedosa, por parte do marketing político de Dilma, da candidata na campanha eleitoral, que caiu vertiginosamente na preferência popular.

O candidato da direita, Aécio Neves, já espelhava a nova autoconfiança que a manipulação midiática das manifestações de junho de 2013 deixara como legado. Pela primeira vez um candidato conservador brasileiro não fez de conta que era de centro-esquerda. A manipulação midiática do tema da corrupção – dando visibilidade a alguns e tirando a visibilidade de outros – permitiu que a direita tentasse se apropriar dessas bandeiras como suas. A ela se juntaram os discursos clássicos do "controle da gastança" e da austeridade fiscal. A direita deixou de ter vergonha de se apresentar como tal e saiu do armário. Esse é o grande produto da manipulação midiática das "jornadas de junho": assumir o credo reacionário se torna chique e legítimo.

Depois da quarta derrota seguida, as forças conservadoras não só não aceitaram a derrota eleitoral como começaram a flertar com um caminho não eleitoral. É aqui que entra em cena de modo arrebatador o quarto elemento fundamental no esquema do golpe comandado pelos endinheirados: o complexo jurídico-policial do Estado. Instituições destinadas a proteger a democracia passaram a agir de modo concertado para derrubá-la. Agindo em parceria e em conluio com a mídia conservadora e servindo de fomentadora para a recém-organizada base social de extrema direita, a casta jurídica que comanda o combate à corrupção seletiva tornou-se a chave para a compreensão do "golpe branco" em abril de 2016. O combate à corrupção torna-se pornograficamente seletivo, uma vez que persegue a esquerda, enquanto blinda a direita. Mas sem a participação do nosso verdadeiro "partido das elites", a imprensa manipulada e manipuladora, não teria se formado o clima insurrecional que possibilitou o golpe. A imprensa partidária e conservadora já havia criado uma base social de extrema direita para o golpe. Faltava o discurso para direcionar e arregimentar a base social recém-construída.

A imprensa como partido político

A elite do dinheiro descontente tem agora não apenas seus aliados de sempre – Congresso comprado pelo financiamento privado de eleições e mídia comprada –, mas também uma base social altamente motivada e engajada, em uma luta que percebe como sua. Essa fração de classe, ingênua de fio a pavio, se imagina não como massa de manobra, mas como protagonista do drama. Isso não é pouco. Não se compreende o golpe de abril de 2016 sem a manipulação dos protestos de junho de 2013. Mas faltava ainda um elemento decisivo de toda rebelião, seja ela libertária ou reacionária: a construção de um discurso coerente. Este inexistia em junho de 2013, e veio daí o caráter enigmático e multifacetado dessas manifestações, que desafiou a capacidade interpretativa dos analistas.

Esse discurso será o discurso anticorrupção usado de modo seletivo contra o PT, procurando atingir, sobretudo, seus principais líderes: Lula e Dilma. Não era a primeira vez que a corrupção entrava em cena para travestir os interesses da elite econômica e seus aliados de "interesse coletivo". Como vimos, este é o único mote dos endinheirados e de seus aliados em reação a líderes populares no poder. O Mensalão se deu sem uma base social engajada que tomasse as ruas e transmitisse a impressão de que o "povo" estava nas ruas. Essa foi a diferença central entre o golpe fracassado do Mensalão e o golpe bem-sucedido de abril de 2016. Como já notado anteriormente, houve também a utilização de parte dos recursos do *boom* das commodities em programas sociais que permitiu a lealdade dos mais pobres, tornando o tema da corrupção seletiva – ou seja, a corrupção "fulanizada" e nunca percebida como um sistema que contamina todos os agentes – irrelevante para essas classes naquela ocasião.

A discussão do capítulo anterior mostrou a bem-perpetrada manipulação midiática por meio do exemplo do Jornal Nacional, que conseguiu "pautar" as manifestações de 2013, que antes atiravam para todo lado. Essa pauta foi pensada no sentido tanto de construir um fio condutor anticorrupção – ainda "abstrata" nessa ocasião, uma vez que apenas a Lava Jato viria a torná-la "concreta" – quanto de propiciar uma aliança com os aparelhos jurídico-policiais do Estado, já indicada pelo apoio decisivo à derrota da PEC 37 no parlamento. A proposta de emenda à constituição visava a garantir que polícia, ministério público e poder judiciário dividissem entre si o trabalho na atividade judicial, ou seja, as atividades de investigar, acusar e julgar. Segundo essa divisão, a polícia investigaria, o MP acusaria e só o juiz julgaria. Assim, nenhuma corporação poderia abrigar dentro de si as mesmas atividades. Embora a imensa maioria dos manifestantes não tivesse a menor ideia do que era a PEC 37, nem para que servia, o Jornal Nacional indicou o caminho, como vimos, e os inúmeros "amarelinhos" que começaram a aparecer a partir do dia 19 de junho tornaram-se defensores da causa.

Na maré de comoção nacional que se instaurou depois das insurreições, a PEC 37, que antes era dada como ganha no Congresso, teve derrota fragorosa de 430 votos contra 9 em plenário. Foi o começo de um namoro ardente entre mídia e corporações jurídico-policiais do Estado, que caminhou para uma lua de mel que prometia casamento duradouro e feliz. A partir desse instante, o golpe se deu sob a forma de parceria entre a mídia e o aparelho repressivo do Estado. Como e por que se deu essa parceria?

Primeiro temos a defesa das pautas corporativas do aparelho jurídico-policial e depois o vazamento seletivo, sistemático e ilegal de trechos de depoimento comprometedores amplamente novelizados e transformados em espetáculo para um público cativo. A partir de 2014, especialmente com o aprofundamento da disputa eleitoral daquele ano para a presidência, a operação conhecida como Lava Jato passa a dominar e a colonizar o espaço público com a criminalização do PT e da base de apoio ao governo. O "cordeiro do sacrifício" aqui é o Partido dos Trabalhadores.

Ainda que os partidos da base governamental, como o PP e o PMDB, tivessem mais envolvidos e controlassem setores-chaves na Petrobras, cujo esquema de propinas constitui a base da Lava Jato, a opinião pública não esperava coisa muito diferente deles. Percebidos como partidos fisiológicos que funcionam como "balcão de negócios" maldisfarçados, o envolvimento de políticos ligados a esses partidos em escândalos não produz comoção. O contrário se dá com o PT. Partido que surge como opção a uma forma corrompida de fazer política, ele se vê enredado na maior crise de sobrevivência de sua história, com uma investigação que lhe rasga por dentro e lhe custa alguns dos melhores quadros, chegando a ameaçar seu líder maior.

Na raiz dos problemas está o assim chamado "presidencialismo de coalizão" que caracteriza o sistema político brasileiro. Como o presidente muito dificilmente vai eleger também uma maioria parlamentar que possa formar sua base de apoio no Congresso Nacional, ele será obrigado a compor e entrar em uma série de acordos e barganhas com as forças dominantes no Congresso se quiser governar. Uma série de fatores estruturais convergentes, como fragmentação partidária, massiva sobrerrepresentação de interesses econômicos com agenda conservadora via financiamento privado de eleições e a pouca representatividade e responsabilidade em relação ao eleitor que o sistema de lista partidária confere, faz do legislativo um bastião dos interesses mais conservadores da sociedade brasileira.

Em um governo como o de FHC, tão ou mais conservador que o legislativo, especialmente em questões econômicas e distributivas, o embate de interesses foi menor, e por conta disso o sistema como um todo foi celebrado como causa de estabilidade política. Exceto na muito discutida e por todos conhecida – ainda que jamais investigada – compra de votos para a reeleição de FHC, reina, de resto, o silêncio acerca do funcionamento real dos acordos políticos e subpolíticos que permitiu a governança. Na época falava-se abertamente do então procurador-geral da República, Geraldo Brindeiro, que recebera a alcunha de "engavetador-geral da República", já que o destino dos processos que pudessem ser incômodos ao governo era, ao contrário do que ocorreria mais tarde com o PT, invariavelmente a gaveta.

O governo do PT, apesar de propenso a compromissos, representou um desafio ao funcionamento do sistema. Como podia o executivo assumir de modo proativo um governo empenhado em reformas com um Congresso majoritariamente conservador e às vezes reacionário? O Mensalão foi a resposta a isso. Em vez de retalhar e dividir o aparelho de Estado e assim reduzir o impacto de reformas consideradas urgentes, decidiu-se simplesmente comprar o apoio de políticos ligados principalmente a pequenos partidos fisiológicos que quase sempre funcionam como fachada de "balcão de negócios".[48] O cálculo "pragmático", com alguma dose de cinismo, deve ter levado em conta mais ou menos o seguinte argumento: por que entregar Petrobras, Furnas e outras companhias estatais que fariam o deleite do político típico dos partidos que existem tão somente para "assaltar o Estado", sem qualquer projeto para a sociedade, se seria muito mais barato e menos comprometedor para a eficiência estatal simplesmente pagar pelo apoio de políticos venais em dinheiro vivo?

Todos nós sabemos como esse filme terminou. Depois dele, a relação do PT com o Congresso majoritariamente comprado por dinheiro e para fazer mais dinheiro – para a elite econômica que o compra e para si mesmo – tinha que se dar de modo mais convencional: entregando as empresas e os cargos públicos para o saque de praxe. A Petrobras e as suas diretorias de investimento bilionário, em época de pré-sal e reservas fabulosas, foram a cereja do bolo do saque. Também o esquema ilegal na Petrobras existia desde muito tempo. O próprio FHC o cita no seu livro recém-publicado e assume ter sido alertado por Benjamin Steinbruch, embora nada tenha feito.[49] Paulo Francis também já havia denunciado o esquema em 1996[50] e, sem as provas que só surgiram agora, foi processado e condenado. Também nesse caso, ainda que os partidos de sustentação do governo tenham sido os principais envolvidos, PP e PMDB à frente, foi a corrupção petista que provocou alarde e comoção social.

As primeiras revelações do escândalo já saíram no contexto da luta eleitoral de 2014 entre Dilma e Aécio Neves. A derrota conservadora ocorreu muito mais pelo fato de que um discurso moralizador na boca do candidato Aécio Neves era tão pouco crível, que mesmo as primeiras referências à operação Lava Jato, tornadas espetáculo e reivindicadas pela nossa imprensa marrom do pior modo possível, não impedem a derrota do candidato. Para quem imaginava, no entanto, que as eleições poriam um ponto final na disputa o "Day after" das eleições provaria o contrário.

Já a partir de novembro de 2014, uma série de prisões espetaculares e os assim chamados "vazamentos seletivos", cuidadosamente orquestrados entre os participantes do complexo jurídico-policial do Estado e a mídia conservadora, criaram uma atmosfera de linchamento político. O ex-presidente Fernando Henrique Cardoso, que havia confessado saber dos esquemas sem nada fazer, agora forja surpresa e diz no dia 14 de novembro de 2014 que estava "envergonhado, como brasileiro, de falar sobre o que estava acontecendo na Petrobras". O clima para a deslegitimação final do governo[51] estava pronto. Dia após dia as televisões e os jornais bombardearam o público com trechos de depoimentos selecionados – os quais deveriam estar sob segredo de justiça – para provocar impacto. A criminalização do PT – e, por extensão, do projeto inclusivo que ele representou – passou a partir daí a ser uma construção incansável dos dois principais parceiros do golpe: o complexo jurídico-policial do Estado e a mídia conservadora.

É fácil mostrar a falsidade de toda trama urdida por infinitos vínculos pessoais e impessoais entre esses dois atores que posam de não políticos apenas para melhor exercerem seu papel político. Na base de toda a farsa estava a ideia de que os paladinos da justiça e os jornalistas da imprensa brasileira, com a TV Globo à frente, tinham entrado, afinal, em uma luta histórica de vida ou morte pelo combate à corrupção no Brasil. Essa foi a grande fraude que atingiu em cheio a esfera pública brasileira completamente desprotegida contra esse ataque conjunto e muito bem articulado.

A fraude ficou clara quando se "fulanizou" a corrupção, empregada como arma seletiva para se atingir o inimigo político. Quando se personaliza a corrupção, o efeito de controlá-la ou de mitigá-la é reduzido ao mínimo. A personalização da corrupção serve apenas à sua continuidade, já que o arranjo institucional que a torna possível não é tocado.

Como o público em geral tem dificuldade em compreender o funcionamento da sociedade e de suas diversas esferas de alta complexidade, como a economia ou a política, a personalização da corrupção não nos ajuda em um centímetro a compreender essa complexidade, que desafia inclusive os especialistas. Ao contrário, ela confere a falsa impressão de que a vida social é regida por intencionalidades individuais, como nas novelas. Divide-se a vida em bandidos e mocinhos, e com isso se infantiliza e se imbeciliza uma sociedade como um todo.

Uma imprensa que se presta conscientemente a esse papel não esclarece seu público. Ao contrário, manipula na direção que mais lhe convém as emoções que o público sente, mas não compreende. Uma efetiva vontade de superar a corrupção entre nós teria exigido um debate acerca de quais arranjos institucionais são necessários para isso. Os heróis são muito poucos. A maior parte das vezes, inclusive, como a história nos ensina, os supostos heróis são os verdadeiros canalhas. Como todos somos humanamente falíveis, o único remédio para mitigar a corrupção são inovações institucionais que possam zelar por transparência.

A corrupção é sempre um dado estrutural, tanto da ação de mercado quanto da ação do Estado, em qualquer lugar. As sociedades que lograram melhor mitigar e controlar minimamente a corrupção o fizeram por mudanças institucionais, como o financiamento público das eleições. Não foi, no entanto, esse debate que vimos. E não houve defesa do financiamento público em toda a farsa montada para o público, mas apenas a "fulanização" seletiva ligada à criminalização do PT e de seu governo. Também não houve qualquer discussão acerca de maior transparência na relação entre economia e política, que é a questão central da corrupção nas sociedades modernas. Existiu apenas uma ação centrada no núcleo empresarial, as grandes empreiteiras, que havia crescido com o PT no poder. Isso, embora as contribuições tenham sido feitas para todos os partidos de modo fraternal. Mas se não foi para combater a corrupção, qual foi o mote?

Como em toda a história republicana brasileira, o mote da corrupção é sempre usado como arma letal para o inimigo de classe da elite e seus aliados. Isso sempre ocorre quando existem políticas que envolvam inclusão dos setores marginalizados – que implicam menor participação no orçamento dos endinheirados e aumento do salário relativo dos trabalhadores, o que também não os interessa – ou condução pelo Estado de políticas de desenvolvimento de longo prazo. A ideia é que a riqueza do país já tem dono, ou seja, ela é privada e deve ser privatizada. São esses os dois crimes que estão sempre verdadeiramente por trás de toda manipulação da corrupção brasileira.

Ao se "fulanizar" a corrupção, nunca se atinge o objetivo de seu real combate, mas apenas consegue-se derrotar o inimigo de classe. Como o combate à desigualdade é um valor universal, que não se pode atacar em público sem causar forte reação, tem-se que combater essa bandeira inatacável com outra bandeira inatacável. No Brasil, o suposto combate à corrupção sempre foi essa muleta usada de modo manipulador e falso. Como no caso recente do golpe de abril de 2016, desde que se elimine o inimigo político tudo voltará a ser como antes, sem qualquer debate real e sem nenhuma mudança estrutural. Não interessa sequer aos devotados moralistas de ocasião qualquer mudança efetiva. Como poderiam, afinal, eliminar os inimigos que virão no futuro? Quer seja mecanismo consciente e cínico, quer seja pura ingenuidade de alguns manipulados, o resultado é o mesmo: a "fulanização" da corrupção só serve à sua continuidade.

O falso combate à corrupção surge, assim, no Brasil como o testa de ferro universal de todos os interesses inconfessáveis que não podem se assumir enquanto tais. Por que o falso combate à corrupção assume esse papel? São duas as razões básicas: primeiro, a corrupção pode ser vendida como de interesse de todos, servindo como uma luva para todo tipo de mascaramento de interesses particulares em interesse geral; em segundo lugar, ninguém diz verdadeiramente o que é corrupção, tornando-a, precisamente por seu caráter impreciso e maleável, o mote ideal de todo tipo de distorção sistemática da realidade.

Até bem pouco tempo atrás apenas o funcionário público podia ser corrupto segundo a letra da lei. Os donos do mercado, como dissemos anteriormente, compraram a elite intelectual para a confecção e propagação dessa verdadeira fraude[52] com o prestígio de ciência. A definição de "corrupção" prova-se, portanto, arbitrária e variável, mudando conforme o interesse de quem manda na sociedade. Ao conseguir incutir na sociedade que corrupção é apenas aquilo que o funcionário do Estado faz, os donos do mercado podem cometer abusos legais e ilegais de todo tipo sem que nem a legalidade nem, muito menos, a legitimidade de seus atos seja posta em xeque. Esse é o real poder por trás da infantilização proposital da sociedade como um todo pelo engodo da manipulação do mote da corrupção.

Como vimos anteriormente, não "deveria" ser considerado corrupção impor uma taxa arbitrária – no caso, a maior do mundo – acoplada a todos os preços que pagamos no mercado que drena o produto do trabalho de todos para o boldo de uma meia dúzia de privilegiados? É isso que, basicamente, a taxa de juros faz. Não é percebida assim porque os financistas têm um exército de jornalistas e articulistas que defendem que a taxa de juro alta serve não para encher o bolso de meia dúzia de privilegiados, mas para proteger a nós todos contra a inflação. Como isso é dito em todos os jornais e em todas as televisões, os não especialistas, sem armas para se defender, acabam acreditando.

O controle da mídia pelos endinheirados é, portanto, fundamental para distorcer e sacralizar todos os seus interesses, que, longe de serem percebidos como criminosos, são sacralizados como contribuição à sociedade em geral. Essa é uma "corrupção legal", ou seja, engana-se a população por meio de um discurso que afirma o que é essencial na corrupção, mas trata-se de uma enganação legalizada. A evasão gigantesca de impostos por meio de paraísos fiscais no exterior é muitíssimo maior que toda a corrupção estatal combinada. Mas esse tema não se torna nunca um mote a ser perseguido pela imprensa, ela própria tendo seus patrões como os primeiros beneficiários desses expedientes. Essa, por sua vez, é uma corrupção ilegal, mas não é percebida como tal, já que quem a comete são os patrões da mídia e seus aliados da elite do dinheiro, e não seus eventuais inimigos no Estado.

Uma imprensa parcial e comprada é, portanto, decisiva para a qualidade da democracia em uma sociedade moderna. Ela tem o poder de distorcer sistematicamente a percepção dos problemas sociais, como nos exemplos anteriores, e de, em circunstâncias favoráveis, pautar o que deve ser discutido e como deve ser discutido. Em certos contextos, como vimos com o Jornal Nacional nas "jornadas de junho", é possível, inclusive, "criar" fatos e versões. O poder da imprensa na sociedade midiática moderna não é ilimitado, mas é decisivo. Como a informação é absorvida sempre de cima para baixo, a inexistência de pluralidade de perspectiva e de opinião é fatal para a democracia. Afinal, esta não significa apenas possibilidade de votar, mas de votar com independência e autonomia.

Nas últimas décadas a imprensa passa por um processo de mudança estrutural importante. Como no resto das grandes corporações sob comando do capital financeiro, a relação de comando se verticaliza de modo absoluto. Esse fato permite muito maior controle do conteúdo de cima para baixo. Deixam de existir os debates nas redações, e quem gosta de discutir, segundo me relatou um informante privilegiado dessa mudança, passa a ser discriminado como chato e problemático. Paralelamente ocorre um expurgo dos nomes mais críticos e independentes, especialmente a partir da década 1990. Muda o perfil dos repórteres e redatores, que passam a ser bem mais jovens e dóceis ao comando de cima para baixo. Produz-se uma homogeneidade de pensamento em conformidade com o processo de obrigatória obediência vertical. Instaura-se, inclusive, uma competição pela obediência e pela antecipação dos desejos dos chefes lá em cima.

A reação dos governos petistas a este estado de coisas com apoios seletivos a jornalistas e pequenos blogs se revelou amplamente insuficiente. Uma TV pública de boa qualidade como se tem em países europeus e o aumento da competição empresarial nesta área teriam sido fundamentais. O decisivo é o acesso efetivo à informação plural e alternativa. É isso que o Brasil não tem. Faltou à esquerda uma reflexão madura sobre o papel central da mídia na construção seletiva e distorcida do debate público.

De certo modo, ocorre no jornalismo processo semelhante ao que já havia ocorrido nas fábricas com a dispensa dos trabalhadores com passado sindical em favor dos jovens sem passado político, além da entronização da ideologia que substitui a noção de trabalhador por aquela do parceiro e aliado do dono do empreendimento. O patrão pode a partir daí economizar e eliminar os supervisores, antes um gasto fundamental do capital, que agora não precisa mais de vigilância do trabalhador, já que este agora vigia a si próprio e aos outros, para o bem do comando. O capital financeiro cria a corporação que lhe convém não apenas na produção de mercadorias materiais, mas, agora, também na produção de mercadorias imateriais e simbólicas.

No contexto da democracia moderna a informação tem que ser plural, e o indivíduo tem que poder avaliar opiniões alternativas para formar seu julgamento próprio e autônomo. Sem isso não existe voto consciente. A ditadura do pensamento único na grande mídia brasileira compromete, portanto, a qualidade de nossa democracia e a qualidade da sociedade que construímos. Constrói-se um pensamento homogêneo na imprensa dominante que apenas repete mantras no interesse dos endinheirados. Jornalistas independentes foram expurgados dos grandes jornais e cadeias de televisão, de modo que temos, hoje em dia, a dominância daquilo que Otávio Frias, dono do jornal *Folha de S. Paulo*, chamou em artigo recente de "editorialistas paranoicos". O mote desse grupo de pseudojornalistas é a criminalização da esquerda e a perseguição seletiva de seus líderes.[53]

Os telejornais e programas de entrevistas da TV Globo, por exemplo, existem unicamente para bombardear o telespectador com visões parciais, quando não diretamente falsas. Como não existe a pluralidade e o contraditório que caracterizam a atividade jornalística em qualquer país decente, monta-se um circo mambembe para propiciar uma caricatura de discussão e debate. Se tomarmos, por exemplo, o programa *Painel*, apresentado e dirigido por William Waak, da *Globo News*, vemos um convescote entre intelectuais e políticos conservadores que pensam todos a mesma coisa e fazem de conta que participam de um debate de ideias. Os telejornais do mesmo canal de TV reúnem comentadores que concordam entre si e apenas, como nas ditaduras, veiculam visões distorcidas, parciais e interesseiras sobre a realidade. Foi o que aconteceu no golpe e permitiu que uma visão "fulanizada", parcial e unilateral do mesmo fosse, sempre sem contestação, mostrada ao telespectador. Isso não é informação decente em nenhum lugar do mundo. É veneno midiático.

Desigualdade *versus* moralidade, ou Lula *versus* Sérgio Moro: enfim a direita ganha um discurso e um líder para chamar de seu

A união dessa caricatura de imprensa servil ao dinheiro com os interesses corporativos da casta jurídica no comando da operação Lava Jato foi o fio condutor do golpe de Estado que acabamos de experimentar. Vale a pena seguir os passos desse namoro que promete casamento duradouro. Para isso é necessário conhecermos melhor a noiva desse casamento: o aparelho jurídico-policial do Estado.

Antes de tudo, para evitar simplismos, é fundamental perceber que qualquer campo de atividade social é marcado por divisões e conflitos. No nosso caso, não existe um único e indivisível "campo das instituições jurídico-policiais", mas sim vários. Existem neles pessoas com capacidade reflexiva, com compreensão ampla e de longo prazo de seu próprio papel. Todo campo de atividade humana apresenta oposições estruturais e conflitos comuns.

A principal oposição é sempre a que existe entre aqueles, sempre minoria, que incorporam na sua vida e no seu trabalho os valores impessoais de seu campo de atividade e aqueles, sempre maioria, que incorporam na sua atividade uma perspectiva corporativa, que promete ganhos pessoais no curto prazo, pela mera acomodação ao jogo existente. Quando essa acomodação pode ser travestida de suposta defesa de valores impessoais, a perspectiva corporativa ganha uma legitimidade inaudita. Foi precisamente o que aconteceu com as corporações jurídico-policiais do Estado brasileiro na sua decisiva participação no golpe de Estado recente.

É preciso saber que o direito só se desvincula historicamente da política nos últimos séculos do desenvolvimento ocidental. Antes, ele era subordinado à política. O que era considerado justo era fruto de um julgamento político que impunha a vontade do mais forte. Esse era o "direito material" para Max Weber, ou seja, o fundamento do que era percebido como direito estava fora dele e representava sempre a vontade do mais forte, do mais rico e do mais poderoso.[54] O caminho para a autonomia da esfera jurídica se dá com a noção de "direito formal", ou seja, segundo a qual o conjunto de princípios, procedimentos e regras processuais tem a função de preservar a autonomia do que é jurídico por oposição, precisamente, ao que é político.

Nos sistemas como o nosso, em que a entrada no sistema jurídico se dá por concurso público ou por delegação da autoridade política, e não pelo voto, a intenção é clara. O agente jurídico age por delegação da soberania popular, advinda do voto democrático, precisamente para que possa manter sua independência em relação à opinião pública. Esta é variável, afinal, o que é popular hoje pode não ser amanhã. Além disso, como vimos, ela é facilmente influenciável e manipulável. Em certos casos, a opinião pública é simplesmente aquilo que se publica nos jornais.

As regras e os procedimentos jurídicos não são, como pensa o leigo, entraves à justiça rápida. Eles são entraves à injustiça. A noção central da concepção de justiça ocidental é a universalidade de tratamento. O direito serve para garantir a universalidade de tratamento a todos de modo a prevenir a injustiça. Se existe universalidade de tratamento, temos a garantia de que nossos direitos individuais não serão lesados por conjunturas politicamente adversas. É para isso que o direito serve. Por conta disso os procedimentos são tão importantes. É o respeito a eles que garante que todos possam ser tratados do mesmo modo.

O fato de que os juízes em países como Alemanha, Inglaterra, França e Estados Unidos sejam figuras discretas e sóbrias, que inclusive evitam a publicidade e a polêmica pública, não se dá por acaso. É que agindo desse modo eles cumprem melhor sua função. O juiz fala nos autos, e não na imprensa e nos jornais. Sem isso ele não tem o distanciamento das disputas políticas que é fundamental para sua ação. Nos tempos recentes não tivemos apenas a judicialização da política, mas, muito pior, a politização da justiça. A linha é fluida, mas o princípio é claro: sempre que houver predominância da política sobre o direito, este perde sua autonomia. Temos então um simulacro de direito e uma caricatura de justiça. Foi precisamente isso que tivemos na operação Lava Jato.

O juiz Sérgio Moro, que conduziu a operação, foi alçado, pela manipulação midiática, à figura política maior da direita. Devemos a ele, inclusive, o fato de a direita brasileira ter saído do armário e ter, finalmente, não apenas se assumido enquanto tal, mas também conseguido construir um discurso tão poderoso quanto o combate à desigualdade que havia se tornado a bandeira invencível da esquerda. Isso não é pouco. O país estava dividido em duas facções desde a primeira eleição de Lula à presidência. Essa divisão só fazia aumentar em tensão e engajamento e refletia clara luta de classes, em que a classe média e os ricos, em um país tão desigual como o nosso, estava destinada a perder todas as eleições.

A perda da eleição de 2014, que a classe média engajada – que havia votado em massa em Aécio Neves – imaginava ganhar, conferiu uma sensação de desespero. O desespero de que eleitoralmente não havia saída. Foi uma sensação compartilhada com a elite do dinheiro e seus aliados de sempre na imprensa e na mídia. Afinal, em uma sociedade em que 70% das pessoas não possuem privilégios de qualquer espécie, uma esquerda minimamente articulada só perde eleição se for muito incompetente. É aí que entra a figura política do juiz Moro. Ele representa a incorporação do discurso que faltava para os manifestantes de junho de 2013 incensados pela mídia. As bandeiras abstratas anticorrupção das jornadas de junho tornaram-se concretas com a operação Lava Jato. Agora a articulação do partido da elite estava completa: o partido da rapina econômica tinha não apenas seus braços de sempre na mídia e no Congresso, mas possuía uma base social engajada e motivada e um discurso potente e concreto.

Trata-se de um discurso construído há décadas para manipular o tema da corrupção. Por meio dele, torna-se tanto a corrupção legal quanto a ilegal invisíveis no mercado comandado pela elite do dinheiro, de modo a usar o Estado e quem o ocupa como bode expiatório conveniente sempre que necessário. Agora, esse discurso é mais necessário que nunca. A construção da violência simbólica necessária para a retirada do inimigo de classe do comando do Estado foi refinada. Como toda narrativa midiática, o discurso da moralidade na política tem que ter também apelo afetivo, como acontece nas telenovelas, com seus galãs e heróis. A juventude do homem de olhar sempre focado no horizonte distante, de rosto quadrado, cabelo bem-cortado, de terno e camisas escuras e poucos sorrisos no rosto sério montam a estética perfeita para o portador do discurso "doa a quem doer" e do "estamos refundando o Brasil". Sérgio Moro foi a figura perfeita para a estratégia do golpe funcionar, seja para a classe média nas ruas que o via como um dos seus, seja para os membros do aparelho jurídico-policial que o percebiam como a encarnação perfeita do partido corporativo que se traveste de partido do bem comum.

Existe uma correspondência perfeita entre a classe média e a classe média alta que saiu às ruas com o perfil do novo tipo de operador jurídico que se instala no Estado. Com os mais altos salários do setor público e privilégios de todo tipo – que se juntam ao salário de modo permanente –, com os quais os cidadãos mortais sequer sonham, esses operadores se percebem como empresários de si mesmos e sonham com níveis de vida dos grandes advogados das bancas privadas. Eles buscam combinar a segurança e a estabilidade do servidor público, cuja contraparte são salários moderados, com os altos salários e vantagens das bancas privadas sem o risco e a insegurança que permeiam o mercado[55]. É o melhor dos dois mundos. A atração que esse tipo de privilégio de casta exerce é tão grande que o curso de direito se torna um dos mais concorridos logo após a tradicionalíssima medicina. Como diz o procurador da República e ex-ministro da justiça Eugênio Aragão, que conhece o tema como poucos, o pior é a total ausência de controle ou de *accountability*. Esses órgãos não são controlados por ninguém, e o controle é sempre interno, visando a interesses corporativos, o que para a proteção de interesses nacionais revela-se como uma completa desgraça.[56]

Como todo partido corporativo, a casta jurídica, filha das classes do privilégio que podem comprar o tempo livre dos filhos para passar em concursos técnicos difíceis, tem de construir um éthos próprio. Essa ética corporativa envolve uma narrativa acerca de sua própria perfeição e uma legitimação do motivo pelo qual essa casta é melhor do que o restante dos mortais. Sem isso não se legitima a busca colegiada por sempre mais privilégios. Estes têm que parecer justos inclusive para quem desfruta deles. Se não for assim, não se pode protegê-los com convicção e alma. São dois os elementos centrais da ética corporativa da casta jurídica.

O primeiro é a legitimação pelo "concurso". Funciona mais ou menos assim: se eu passei nesse concurso tão difícil e tive que estudar quatro anos para ele, então eu mereço todas as benesses e privilégios, já que custou esforço meu e de minha família. Isso é muito semelhante à legitimação dos mandarins da China patrimonialista.[57] Os mandarins eram uma casta privilegiada de funcionários do Estado que cobravam impostos dos camponeses, ficando com boa parte no próprio bolso. A entrada na carreira já era também por concurso, que exigia anos de dedicação e às vezes todas as economias da família. Em contrapartida, depois de efetivados os mandarins passavam a "cobrar" da sociedade pelo esforço feito. O esbulho era legitimado por uma ética corporativa muito semelhante à da nossa casta jurídica de hoje: a garantia da ordem social por um estamento de notáveis supostamente superior intrinsecamente. As correspondências não param por aí. Para aumentar o saque e melhor chantagear o imperador, as rebeliões que associavam mandarins e frações da corte contra o próprio imperador, precisamente o que tivemos no caso atual do Brasil, não eram raridade.

Além da legitimação pelo concurso, a casta jurídica tem de se justificar, e este é o segundo ponto para a sua legitimação, dizendo que faz algo de importante para todos. Afinal, ela precisa dizer que faz alguma coisa para os outros também, e não apenas para si mesma. É aqui que entra o discurso de "vanguarda moral" do povo brasileiro. A Lava Jato criou um verdadeiro campeonato entre as diversas corporações jurídicas para ver quem ganha o troféu de "guardião da moralidade pública". O contexto criado de caça às bruxas é perfeito tanto para legitimar os privilégios mais descabidos quanto para campanhas paranoicas de redução sistemática das garantias constitucionais e democráticas, e para relativização de todas as garantias legais em nome da "limpeza moral" do país. O procurador Dalton Dellagnol, por exemplo, da equipe da Lava Jato, junta assinaturas de evangélicos para apoio a projetos de lei que inibem mais ainda as garantias e direitos individuais.

O Estado policial é o melhor terreno não apenas para legitimar privilégios corporativos, mas também para permitir a apropriação e captura da agenda do Estado, com vistas a um aprofundamento cada vez maior do Estado de exceção. Afinal, quanto menos garantias aos direitos individuais e quanto maior o ataque à presunção de inocência, maior o poder relativo dessas corporações.

A regulação de um mercado espoliador e cartelizado, como o nosso, passa pela cabeça de poucos da casta jurídica. O Brasil teria muito a ganhar com o controle dos oligopólios e das práticas cartelizadas que caracterizam o mercado brasileiro. Isso, sem falar na evasão fiscal dos endinheirados. Mas o que dá manchete nos jornais e o direito aos quinze minutos de ribalta e luzes é tão somente os negócios do Estado criminalizado, especialmente quando ocupado pelo inimigo de classe. É a mesmíssima oposição entre o Estado criminoso e o mercado virtuoso criado pela nossa pseudociência servil, que depois foi naturalizada pela mídia. O mercado palco do saque de uma população desprotegida fica intocado pela sanha justiceira. O Estado, contra os inimigos de sempre, passa a ser o fio condutor único que liga de modo impessoal e invisível – e por isso mesmo de modo mais eficaz – todas as corporações da casta jurídica.

Nem todos os juízes e nem todos os operadores jurídicos pensam e agem conforme o sentimento de casta que acabamos de resumir. Mas estes ficaram, na conjuntura de reação conservadora, na defensiva. Como diz o sempre lúcido Eugênio Aragão: "O movimento das ruas se deixou apropriar por um dos lados do conflito corporativo. Deixou-se de cobrar o que realmente importa na investigação criminal: segurança jurídica, respeito aos direitos do investigado e o fim da violência policial e de disputas corporativistas."[58]

A articulação entre mídia – como o braço dos endinheirados que cuida da violência simbólica –, comandando e estimulando as manifestações de rua da fração mais conservadora da classe média, e a facção mais conservadora e corporativa da casta jurídica formou a linha de frente do golpe reacionário. A essa coligação se junta o fato de que os endinheirados partiram para o confronto nas eleições de 2014. Eles compraram, com o deputado Eduardo Cunha à frente, via financiamento de eleições, o Congresso mais reacionário e mais comprometido com o desmonte do incipiente Estado de bem-estar social das últimas décadas. Isso joga o PMDB, um partido de "centro" por conveniência desde 1988, no comando da direita do espectro político.

Foi, no fundo, uma grande vingança pela perda das eleições de 2014. Um esquadrão de tucanos que formavam a equipe de delegados da Lava Jato, e que havia participado ativamente – e nem sempre de modo adequado – da guerra eleitoral de 2014,[59] se une a correligionários, os quais, unidos à mídia conservadora, constróem passo a passo a atmosfera favorável para o golpe. A construção da grande fraude envolveu ilegalidades o tempo todo. Vazamentos ilegais e seletivos de depoimentos e de delações premiadas expostos na televisão todos os dias criaram o clima midiático para o verdadeiro linchamento televisivo. Como em todo linchamento, séculos de desenvolvimento jurídico e aprendizado moral foram para o esgoto. Ele envolvia manipulação de informação, seletividade de conteúdos, simplificação de questões complexas, estímulo aberto a pré-julgamentos, além da eliminação do contraditório e do direito de defesa. A presunção de inocência, marco fundamental da ordem jurídica democrática, foi para o brejo. O bombardeio era diário. A ordem era não deixar pedra sobre pedra.

De dezembro de 2014 até abril de 2016 a população viveu um bombardeio sem trégua. O aparelho jurídico-policial, com claras cores partidárias, como vimos, fornecia material ilegal em massa aos órgãos de imprensa, TV Globo à frente, que articulava, selecionava, manipulava e incendiava seu público com os jogos de dramatização e demonização do inimigo aprendido nas telenovelas. Os protestos de rua pipocavam em todo o país, com epicentro na capital paulista. Protestos maciços em março, abril e agosto de 2015 se realizaram em mais de duzentas cidades do país. A combinação de vazamentos seletivos ilegais e dramatização midiática com os protestos de rua se revelaram esmagadores.

O governo ficou acuado e aderiu, em desespero, às bandeiras do inimigo. No campo econômico, adotou um ajuste fiscal suicida que implica afastamento progressivo de sua base de apoio popular. Os interesses que haviam sido desafiados em 2012 agora mandavam e desmandavam no próprio Palácio do Planalto. Nada disso aplacava a sanha revanchista. No campo político, o governo, e muito especialmente a presidenta, davam total apoio às investigações, que se revelariam mais tarde seletivas e partidárias aos olhos de todos. Falava-se, inclusive, nos círculos mais íntimos de poder, que a presidenta percebia seu legado presidencial mais importante precisamente no combate à corrupção. Daí o apoio explícito ao livre curso das investigações da Lava Jato. Havia a crença, que hoje revela toda a sua ingenuidade, no caráter imparcial de uma investigação levada a cabo por inimigos partidários.

Esses dois erros conjugados se revelaram fatais. Na guinada à direita da política econômica, a presidenta perdeu sua base de apoio popular, que se sentiu traída. Ao não perceber a armadilha da politização da Lava Jato, ela conferiu legitimidade a uma operação que hoje todos percebem como parcial e tendo como fim principal a criminalização da esquerda e de seu principal líder. Até o episódio decisivo da "prisão" de Lula, muitas pessoas na esquerda acreditavam nos propósitos republicanos da Lava Jato. Isso tem a ver com a colonização da esquerda pelo discurso conservador que demoniza o Estado na noção de patrimonialismo. Como esse discurso capenga e superficial também contaminou a esquerda, ela ficou indefesa e sem contradiscurso quando este se mostrou mais necessário.

Ao mesmo tempo a mídia construía sua apoteose. Uma fração de classe média branca, bem-vestida, e com alto nível de renda invadia as ruas. Era a mesma fração que sempre havia votado na direita, e que perdera nas últimas quatro eleições presidenciais.

Por meio do discurso da mídia manipuladora, ela era transformada em "povo" nas ruas. Muitos acreditaram, inclusive o governo inarticulado e sem defesa. A partir de março de 2015, ocorreu uma idealização completa das manifestações, celebradas como rebelião pacífica, democrática e popular. Famílias com a camisa do Brasil e bandeira em punho expulsaram as bandeiras de partidos. A televisão explicava que as manifestações contra o governo eram espontâneas e apartidárias, enquanto as manifestações a favor do governo eram organizadas por militantes partidários. A mentira da "espontaneidade" se juntou à desqualificação dos partidos que possuem efetiva penetração popular[60].

A divisão de trabalho entre o linchamento televisivo e os vazamentos seletivos produziu dois efeitos conjugados que se retroalimentaram. O cerceamento da defesa das acusações sem provas se dava tanto na dimensão das ruas, com os panelaços e as vaias sempre que a presidenta fazia pronunciamentos públicos procurando se defender, quanto na esfera processual. O juiz Sérgio Moro passou a transformar prisões temporárias de cinco dias prorrogáveis por mais cinco em prisões preventivas, que se alongavam por meses a fio. Os recursos levados às instâncias superiores eram invariavelmente recusados.

O *habeas corpus*, fundamento histórico mais importante da ordem legal democrática, foi, na prática, suspenso para o inimigo político. Abriu-se caminho para a manipulação judicial da tortura psíquica, que a privação de liberdade implica. Sem falar em outras ameaças como o arrolamento da mulher e dos filhos no processo. O clima popular e televisivo apoiou todo tipo de excesso em nome da suposta limpeza moral do país. Não se falava da seletividade da perseguição, já que para quem estava nas ruas existia a certeza de quem são os culpados.

A essa altura, o engodo e a fraude atingiam seu clímax. Sérgio Moro, homem do ano da revista *Isto é* e personalidade do ano do jornal *O Globo*, foi blindado pela mídia e se tornou, na prática, a única figura da direita desde a ascensão de Lula em 2002 a rivalizar com ele em prestígio. Contra o "campeão do combate à desigualdade", criava-se o "campeão da luta pela moralidade". Pela primeira vez a direita ganhava voz e passava a se expressar sem pejo. Em 2015, inclusive, a crise econômica e a agenda regressiva do governo fizeram com que setores das classes populares se identificassem com a bandeira dos moralistas de ocasião.

A direita do espetro político contava não só com a elite e sua tropa de choque na classe média, mas também com setores das classes populares, ainda que o núcleo do movimento continuasse nas mãos dos setores mais conservadores das classes médias. O fantástico de 13 de março de 2016, por exemplo, fez questão de procurar e mostrar a presença nas manifestações de pessoas de cor mais escura e de origem popular, ainda uma pequena minoria, para provar que o protesto abrangia todas as classes.

O ataque da Lava Jato a Lula, começando por sua condução coercitiva em março de 2016, tanto desnecessária quanto ilegal, mostrou o viés partidário da operação e sua real intenção de criminalizar o PT e, muito especialmente, seu líder maior. De fato, na política as pessoas representam interesses de grupos e classes sociais. Atacar Lula implicava, antes de tudo, em deslegitimar os setores sociais que ele representa e as políticas em seu favor, que agora começavam a ser desconstruídas. No governo e na esquerda, até os mais ingênuos não tinham mais dúvidas de que o combate à corrupção era mero pretexto. A incrível seletividade do processo agora ficava visível. As manifestações passaram a ser encabeçadas pela classe média mais conservadora e contraprotestos populares – organizados por manifestantes desqualificados pela mídia como "militantes partidários", como se os camisas amarelas não o fossem – passaram também a ganhar as ruas.

O *timing* para o golpe passou a ser decisivo, e o juiz Sérgio Moro deu sua cartada final. Em uma tentativa de reorganizar o governo e ampliar sua base de sustentação popular, Dilma nomeou Lula como seu ministro da Casa Civil, com poderes de reconstruir o governo. O juiz Sérgio Moro decidiu – em atitude de alto risco que em qualquer país decente teria levado a consequências severas, como a perda do cargo – efetuar o vazamento ilegal de uma conversa entre a presidenta e Lula. O diálogo entre os dois, breve e cifrado, foi logo interpretado como tentativa de salvar Lula da prisão, o que provocou um sem número de liminares e, na prática, o embargo da nomeação de Lula para a Casa Civil. Moro apostou todas as fichas e ganhou. Foi meramente advertido e se desculpou retirando-se de cena com o dever cumprido: foi o golpe de misericórdia em um governo que já estava nas cordas.

Com a inviabilização do golpe jurídico, que perdera sua aura de imparcialidade, entrou em cena o golpe parlamentar. Entrou em cena o Congresso regressivo, comprado por todo tipo de interesse econômico cartelizado, e eleito em 2014 sob o comando de Eduardo Cunha, desafeto do governo e disposto a buscar revanche depois que o governo tentara impedir sua eleição a presidente da Câmara. Cunha já havia enfraquecido o governo, por seu turno, com as assim chamadas pautas bomba durante todo o ano de 2015, praticamente impedindo-o de governar. Em uma manobra torpe, após ter visto fracassar sua chantagem para forçar o PT a livrá-lo na comissão de ética de cassação iminente, Cunha encaminhou a proposta de impeachment em ritmo célere contra a presidenta.

Ao contrário da hipótese do golpe jurídico, aqui não se tinha nenhum paladino justiceiro, mas sim políticos venais sem nenhuma credibilidade pública. Ainda assim o processo se consumou. Em um espetáculo grotesco, denunciado por toda a imprensa internacional, tivemos um impedimento que ficou, ao fim e ao cabo, desprovido de qualquer legitimidade. Daí vem seu caráter de ato de força e oportunismo. Oportunismo esse que é duplo: rapinar a riqueza nacional, oprimindo os trabalhadores do campo e da cidade, e esquentar a pizza do núcleo do atual governo envolvido até o pescoço na corrupção que, salvo poucas exceções, só atingiu os inimigos de classe.

CAPÍTULO 3

Conclusão: ameaças e oportunidades à democracia

O golpe se deu, como vimos, por um amplo acordo de interesses, reeditando o "velho acordão brasileiro", entre as diversas elites, agora comandado pela elite financeira. É preciso prestar atenção à hierarquia entre os interesses, ou então nos perdemos no detalhe e na confusão. Ainda que as pessoas que eventualmente representam interesses possam estar no palco sob as luzes, forçando nossa atenção a se concentrar nelas, para compreender melhor o mundo é necessário perceber a hierarquia dos interesses mais e menos importantes, e como eles se juntam para produzir um objetivo comum. O primeiro interesse a ser considerado é o econômico. A elite econômica manda no mundo, uma vez que pode comprar todas as demais elites, seja em dinheiro vivo, seja em coisas que o dinheiro compra, como atenção midiática e prestígio construído.

Quando a elite econômica sob o comando da fração financeira se une contra a presidenta depois de ganha a batalha pelo juro alto, ela desencadeia dois movimentos: aciona sua sócia no saque da sociedade, que é a mídia, especialmente a televisiva, como vimos ao examinar a estratégia de manipulação do Jornal Nacional na federalização das manifestações de junho de 2013, e tenta comprar as eleições para o executivo e o legislativo nas eleições de 2014. Por pouco não conseguiu tudo. Mas conseguiu comprar centenas de deputados de vários partidos, via financiamento privado de eleições, sob o comando de Eduardo Cunha, formando o Congresso mais venal e mais reacionário de que se tem notícia no Brasil. O executivo é o que sobrou para o povo no jogo político. É o único poder que é verdadeiro fruto da soberania popular brasileira. É por esse motivo que o parlamentarismo é tão importante para a reação conservadora. Ele permite retirar completamente o povo da política.

Com a derrota do assalto ao poder executivo do candidato Aécio Neves, reinicia-se o movimento que já havia se formado em junho de 2013. Se não fosse por bem, ou seja, nas eleições, a experiência petista terminaria por mal, ou seja, pelo golpe de Estado. Para isso o interesse econômico teve que se unir a aliados de ocasião. Como vimos, o dinheiro tem sempre dois braços estratégicos: a mídia comprada e sócia no saque e o Congresso comprado. Mas um golpe bem perpetrado exige aliados dentro do Estado, que possibilitem a aparência de legalidade. É preciso criar um teatro para os tolos, ou seja, nós todos que assistimos de longe à farsa, que oscila entre a comédia e a tragédia.

Esse aliado de ocasião foi o aparelho jurídico-policial do Estado: uma casta jurídica, que se acredita especial e melhor que o restante da sociedade, e por conta disso é composta pelos verdadeiros marajás do Estado brasileiro, com um projeto de captura do Estado para seus interesses corporativos. Interesses esses que são tanto de ganhos materiais, que de tão nababescos fogem da transparência que o Estado tem em outras áreas,[61] como de ganhos políticos, na tentativa de se apropriar da agenda do Estado e virtualmente poder governar sem voto. O voto, inclusive, é visto por muitos dessa casta como a origem de todo mal. Desse modo, se o golpe iria se dar sob a forma jurídica ou parlamentar, era algo que dizia respeito a mero cálculo de conjuntura.

É a articulação desses três elementos principais – mídia venal, Congresso reacionário e comprado e a fração mais corporativa e mais moralista de ocasião da casta jurídica – que municiou e municia constantemente o golpe. Esses três atores trocam vazamentos ilegais e todo tipo de ilegalidade antidemocrática com tanta habilidade como o time do Barcelona troca passes. Reclamar com quem se a casta jurídica é o Lionel Messi do arranjo ilegal de fio a pavio?

Ocorreu no Brasil um processo lamentável de "desdiferenciação", ou polarização, da esfera jurídica. Ela, que historicamente nasce quando se separa da política, processo que Max Weber denomina de passagem do direito material ao direito formal, como vimos anteriormente, efetivamente regrediu entre nós. Não há mais quem possa dizer onde está o limite entre o que é jurídico e o que é político no Brasil de hoje. Esse fato é gravíssimo, já que equivale a dizer que não temos, hoje em dia, mais justiça nem aparelho judiciário independente. Os juízes fazem política abertamente, representando partidos e seus interesses.

O golpe não teria acontecido sem a politização do judiciário. Ninguém guardou ou defendeu efetivamente a Constituição. Direitos individuais sagrados foram e são profanados. Foi, na realidade, em grande medida, um golpe jurídico – um golpe que articula capitalismo selvagem de rapina e enfraquecimento das garantias democráticas. As perspectivas são de um capitalismo selvagem do saque à riqueza nacional, com um Estado repressivo e policial. Sua execução, no entanto, foi obra de mestres do engodo e da hipocrisia. O ataque à democracia e às garantias constitucionais se deu em nome da justiça e da moralidade.

A elite financeira, a mídia – sob comando da TV Globo –, o parlamento comprado e a casta jurídica se unem e decretam o fim do governo eleito. Com o golpe consumado, todos os interesses que se articularam partem direto para a rapina e para o saque do espólio. Vender as riquezas brasileiras, o petróleo à frente, cortar os gastos sociais, posto que o que vale agora é apenas o interesse do 1% mais rico, e fazer a festa da turma da "privataria". Os pobres voltam ao esquecimento, à marginalidade e aos salários de escravos por serviços à classe média e às empresas dos endinheirados. Tudo como antes no quartel de Abrantes.

Os juros bancários escorchantes, entre os maiores do mundo, representam uma espécie de taxa universal que se adiciona a todos os preços do mercado, onerando todas as classes sociais, de modo arbitrário, para drenar o produto do trabalho de todos para o bolso da elite do dinheiro. Como nota Ladislau Dowbor, "a parte da renda familiar que vai para o pagamento das dívidas passou de 19,3% em 2005 para 46% em 2015: ninguém entra em novas compras com esse nível de endividamento. Os bancos e outros intermediários financeiros demoraram pouco para aprender a drenar o aumento da capacidade de compra do andar de baixo da economia, esterilizando em grande parte o processo redistributivo e a dinâmica e crescimento estimulado pela demanda".[62]

Essa é a real "corrupção brasileira" que faz com que o trabalho de todos vá para o bolso de menos de 1% de privilegiados, que não apenas vampirizam a sociedade e sua capacidade produtiva, mas colonizam a democracia e a sociedade para seus fins. Eduardo Cunha é o representante dessa elite no Congresso e levou o PMDB do centro à direita do espectro político apenas para proteger os interesses únicos dessa elite. É por conta disso que essa corrupção absurda é "legal". Compraram centenas de deputados para que jamais se passe uma lei que limite o saque dessa elite infame sobre uma sociedade desprotegida. A mídia, também comprada, faz o trabalho adicional de distorcer o mundo e virá-lo de ponta-cabeça.

Os canais de TV que apoiaram o golpe, como prêmio pelo trabalho, têm os cargos responsáveis pela propaganda do governo de volta às suas mãos, o que lhes permite encher os próprios cofres, e mandam fechar a TV Brasil[63] – um canal de televisão que começava a ter níveis de audiência inéditos por conta da cobertura imparcial do momento político. Com o fechamento, não se tem mais nenhuma concorrência na distorção sistemática da realidade. O ensinamento do patrono da mídia nacional, Assis Chateaubriand, é seguido à risca: as empresas de comunicação são o melhor modo de se ganhar dinheiro por conta da possibilidade de "chantagear a política"[64] de modo sistemático.

A casta jurídica, por sua vez, consegue pornográfico aumento nos seus salários já nababescos, em meio à grave crise, e mostra todo o seu descaso e descolamento da realidade social vivida pelos outros cidadãos. Os tolos são a classe média e, mais ainda, a parte do povo que saiu às ruas para funcionar como base social para esse banquete do privilégio de alguns, acreditando, efetivamente, que estava renovando o país. Não faltou aviso.

Mas o mundo dos interesses é complexo. Se eles não se justificam moralmente, têm vida curta. Não se pode apenas botar a grana no bolso ou amealhar mais poder na mão grande, assim sem mais nem menos. É preciso sempre, só os verdadeiramente tolos não percebem o óbvio, "justificar" o saque. O jogo tem que ser bem feito. A mentira bem construída tem sempre verdades parciais. Todos os atores envolvidos jogaram todas as suas cartas, e jogaram alto. Podem ganhar, mas também podem perder muito. O interesse econômico que antes era literalmente invisível se mostra, hoje, à luz do dia. O interesse de assaltar a sociedade como um todo via taxa de juros para o bolso de meia dúzia agora torna possíveis posições políticas antifinanceirização que não existiam antes entre nós. Um Bernie Sanders tropical se torna possível e até inevitável.

A distorção sistemática e criminosa da realidade por uma mídia sem qualquer disfarce também compromete o capital de confiança que essas empresas possuíam em várias camadas sociais. Não se pode mentir e fraudar tanto impunemente. Qualquer reforma política tem que, antes de tudo, considerar o veneno midiático conscientemente produzido para enganar o público. A TV brasileira, Globo à frente, é ridícula no seu partidarismo para quem quer que tenha algum padrão alternativo de comparação. Não se joga o capital acumulado em confiança no lixo. As empresas de comunicação, se são empresas como as outras, querem dinheiro antes de tudo. A mediação para o acesso ao dinheiro é a ilusão da imparcialidade. Até um povo imbecilizado como o nosso pode passar a compreender melhor o jogo da empulhação a que é submetido.

A elite financeira e a imprensa e parlamento comprados têm agora, nas mãos, um governo sem prestígio e fraco, sem qualquer apoio popular. Vem daí a estratégia de terra arrasada. A ideia é fazer o país regredir cinquenta anos em cinco meses – uma jogada extremamente arriscada. Especialmente porque, como qualquer espectador de filmes de gângsters sabe muito bem, assaltar um banco é fácil; difícil é dividir o saque depois. A estratégia do golpe uniu vários parceiros com um objetivo comum. Mas agora é a hora de dividir o produto do assalto. Começam os conflitos, começa a desconfiança mútua, começam todos a acharem que podem ter a fatia maior do butim. O conflito mais importante, para nomear apenas um deles, é entre os dois antigos parceiros que disputam o Estado e sua agenda: os políticos, os do PMDB e PSDB à frente, envolvidos em irregularidades que agora começam a vazar; e a casta jurídica, envolvida até o pescoço no golpe, correndo risco de ser desmascarada e tentando desesperadamente manter a aparência de imparcialidade. A luta aqui é de vida e de morte.

Quando escrevo as páginas finais deste livro, acaba de ser divulgado mais um vazamento seletivo. Nos vazamentos entre o ministro do planejamento do novo governo, Romero Jucá, e Sérgio Machado, também do PMDB, envolvido em acordos de delação premiada, o golpe se desnuda. Machado grava às escondidas uma conversa com Jucá em que fica explícito o motivo principal do golpe: barrar a Lava Jato e a consequências que teria sobre a classe política como um todo, e principalmente sobre os membros do governo interino. O texto é de uma clareza cristalina, e explicita a saída golpista como fruto do desespero de políticos do PMDB e do PSDB envolvidos até o pescoço no escândalo. Em qualquer outro lugar, com uma esfera pública mais combativa, tamanha clareza dos motivos torpes que levaram ao golpe teria feito o governo cair.

Mas nesses países o próprio poder judiciário não se envolve em golpes de Estado pelas mais mesquinhas vantagens corporativas. No nosso caso, vamos reclamar com quem? Com o bispo?

Tentou-se construir, inclusive, uma "novilingua", do tipo que George Orwell cria no seu inferno autoritário[65], tentando, com o desespero dos hipócritas, impedir – até a presidenta foi ameaçada – que sequer se usasse a palavra "golpe". Expediente infantil e ridículo, se não fosse perigoso e perverso. A ideia é que se as pessoas não podem se referir a um fato, este deixa de existir enquanto tal. O controle da linguagem como forma de controle do pensamento. Psicanaliticamente, é um exemplo do mecanismo da negação freudiana dos mais óbvios. Afinal, tanto esforço e ansiedade em negar terminam apenas por confirmar a má consciência de quem, consciente ou inconscientemente, tem culpa no cartório. É mais ou menos como obrigar alguém que vê o sol a dizer "lua".

Os vazamentos que se sucederam ao golpe reduzem esse tipo de violência canhestra e absurda a pó. Foi golpe, e um golpe torpe, pelas piores e mais mesquinhas razões desse mundo. E todos sabem. Quem fez tem vergonha e por conta disso quer tapar o sol com a peneira. E quem apoiou de fora, nas ruas, se achando protagonista de alguma coisa, foi coxinha no começo, depois se sentiu trouxinha, e finalmente virou escondidinho na piada popular. A sensação geral na sociedade é de ressaca depois de um grande engodo.

O filósofo alemão Hölderlin possui uma frase modelar para esse contexto: "Onde existe o perigo, nasce também a salvação."[66] Pode parecer apenas otimismo, mas é uma profunda compreensão da natureza moral do ser humano. Não se engana alguém à toa. Sempre tem volta, e sempre tem troco. Melhor: às vezes há até aprendizados coletivos e reais de uma sociedade inteira. São os tolos que pensam que só existem interesses no mundo. Os seres humanos são também seres morais, tenham ou não consciência disso.

Aprendi, vivendo como jovem estudante na Alemanha da década de 1980, que as sociedades não aprendem apenas com guerras ou revoluções sangrentas. Convivendo com jovens que tinham sido influenciados pela assim chamada "geração de 68" na Alemanha, que haviam assumido, criticado e, apenas por conta disso, superado o espírito do autoritarismo e do nazismo alemão, pude vivenciar uma sociedade inteira aprendendo e se tornando mais livre e inteligente. Foi apenas por assumir a herança do nazismo como algo a ser criticado, e não como algo a ser negado patologicamente pelo resto da vida, que a Alemanha se tornou tão ou mais democrática que seus vizinhos.

Só por conta da explicitação desse passado, que custou conflitos intergeracionais sérios e dolorosos[67] para todos os envolvidos, é que a Alemanha pôde deixar de ser o protetorado americano que era efetivamente depois da Segunda Guerra e assumir seu destino nas próprias mãos. O melhor exemplo dessa nova autoconfiança foi Willi Brand na chefia do primeiro governo social-democrata alemão. Ele deixou explícita a mudança na sociedade alemã com sua política independente com o Leste Europeu. Quando se ajoelhou no memorial às vítimas do nazismo no gueto de Varsóvia, no dia 7 de dezembro de 1970, metade da Alemanha, ainda nazista, o odiou, mas a outra metade, de novos democratas alemães, o reconheceu como seu símbolo maior. Não se esquece um dia na Alemanha a ferida do nazismo e de seus crimes inomináveis. Não se aprende esquecendo, mas sim lembrando.

Todos os nossos papéis da escravidão foram queimados, supostamente para nos esquecermos dela. A nossa anistia do esquecimento teve o mesmo sentido.[68] Quem esquece o erro está destinado a repeti-lo indefinidamente. Esse golpe malfeito, apressado, errado, pelos piores motivos, pode ser, finalmente, nossa chance de aprender alguma coisa com nossa história. Nossa desigualdade, seja pela indiferença de uma elite vampiresca e míope, seja pelo desprezo de uma classe média boçal e tola, é uma continuidade direta com a escravidão nunca assumida efetivamente e nunca criticada em sua continuidade até os dias de hoje. Os golpes sucessivos, toda vez que a maioria oprimida ganha voz, significam o eterno retorno dessa indiferença e desse desprezo. O reprimido sempre volta se não for encarado de frente e transformado. Precisamos lembrar como fomos formados e, portanto, quem somos. É doloroso, como todo aprendizado. Mas vale sempre a pena.

NOTAS

1 Para Max Weber, a justificação religiosa mais perfeita dos privilégios fáticos é a doutrina do carma do hinduísmo. WEBER, Max, *Die Wirtschaftsethik der Weltreligionen: Hinduismus und Buddhismus*. J.C.B. Mohr, 1991.
2 DUMONT, Louis. *Homo Aequalis*, Edusc, 2000.
3 WEBER, Max (organização, introdução e tradução de Jessé Souza). *A gênese do capitalismo moderno*, Ática, 2004.
4 FOUCAULT, Michel. *Vigiar e punir*, Zahar, 2002.
5 Uma reportagem de 2014 da revista *The Economist* mostra como depois da crise financeira os casos de corrupção corporativa são resolvidos em segredo de justiça por meio de acordos em dinheiro. Ver "The criminalization of American Business", agosto de 2014.
6 Este fato não significa que não tenham existido concepções heterodoxas tendo a USP e seus intelectuais como fonte. Mas, mesmo essas heterodoxias foram influenciadas e, pelo menos parcialmente, colonizadas pela ortodoxia construída por Sérgio Buarque.
7 http://plantaobrasil.net/news.asp?nID=80160.
8 Para me contrapor à leitura clássica de Raimundo Faoro, que imaginava que essa elite estivesse no Estado de modo a melhor demonizá-lo. Ver SOUZA, Jessé. *A tolice da inteligência brasileira*, Leya, 2015.
9 FREYRE, Gilberto. *Casa Grande e Senzala*, Record, 1991.
10 Sobre a função moderna do "mito nacional", ver ANDERSON, Benedict. *Imagined Communities*, Verso Books, 1991.
11 Ver SOUZA, Jessé. *A tolice da inteligência brasileira*, Leya, 2015.
12 HOLANDA, Sérgio Buarque de. *As raízes do Brasil*, Companhia das Letras, 2004.
13 Essa expressão, cunhada para exprimir o complexo de inferioridade do brasileiro, é do genial Nelson Rodrigues.
14 Ver MORAES, Reginaldo, e PAULA E SILVA, Maitá. *O peso do Estado na pátria do mercado*, Unesp, 2013.
15 FAORO, Raimundo. *Os donos do poder*, Globo, 1984.
16 Ibid, 1984.

17 Em SOUZA, Jessé. *A modernização seletiva*, UnB, 2000, construo uma visão alternativa da obra de Gilberto Freyre que enfatiza o dado da escravidão como base do sistema social dominante entre nós, e não como o próprio Freyre pensava, como continuidade de Portugal.

18 CARVALHO FRANCO, Maria Sylvia. *Homens livres na ordem escravocrata*, Unesp, 1997.

19 Ver NETO, Lira, e seus três volumes biográficos, da trilogia "Getúlio", Companhia das letras, 2015.

20 Devo a Paulo Kliass discussões muito elucidativas a respeito desse momento histórico.

21 BRESSER-PEREIRA, Luiz Carlos. *O colapso de uma aliança de classes*, Brasiliense, 1978.

22 BIONDI, Aloysio. *O Brasil privatizado: um balanço do desmonte do Estado*, Perseu Abramo, 1999.

23 Citado por RIBEIRO, Amaury, no seu *A privataria tucana*, Geração, 2015.

24 SOUZA, Jessé. *A ralé brasileira*, UFMG, 3ª edição, 2016.

25 SINGER, André. *Os sentidos do Lulismo*, Companhia das letras, 2012.

26 ABRANCHES, Sérgio. *Presidencialismo de coalizão: o dilema institucional brasileiro*. Consultado na página do autor na Internet.

27 André Singer fez a melhor discussão acadêmica que conheço acerca deste período em SINGER, André. *Cutucando onça com varas curtas*, em Novos estudos Cebrap, Julho de 2015.

28 Ver NERI, Marcelo. *A nova classe média*, Saraiva, 2012, POCHMANN, Márcio. *Nova classe média?*, Boitempo, 2012, e SOUZA, Jessé. *Os batalhadores brasileiros, nova classe média ou nova classe trabalhadora?*, UFMG, 2010.

29 Ver LAHIRE, Bernard. *Retratos sociológicos*, Artmed, 2004.

30 SOUZA, Jessé et alli, 3ª edição, 2016.

31 Ibid.

32 Ver SOUZA, Jessé Ibid, 2015.

33 As obras de Nietzsche, Freud e Weber demonstram essa tese – de resto comprovada empiricamente por nossos estudos já referidos neste livro – cabalmente.

34 BOURDIEU, Pierre. *A distinção*, Zouk, 2009.

35 Ver, especialmente, dentre vários textos importantes para essa temática, TAYLOR, Charles. *The Sources of the Self*, Harvard, 1994, e *Ethics of authenticity*, Harvard, 2004.

36 Ibid, 1994.

37 ELIAS, Norbert. Über *den Prozess der Zivilization*, Suhrkamp, 1991.

38 BOURDIEU, Pierre. *O desencantamento do mundo*, Perspectiva, 1979.

39 SOUZA, Jessé et ali. *A ralé brasileira*, UFMG, 3ª edição, 2016, e SOUZA, Jessé. *A tolice da inteligência brasileria*, Leya, 2015.

40 Bresser-Pereira chama a atenção no seu último livro para o fato de que também a parte de cima da classe média é rentista e, também por conta

disso, além dos outros fatores analisados aqui, aliada dos endinheirados. Ver BRESSER-PEREIRA, Luiz Carlos. *A construção política do Brasil*, Editora 34, 2014.

41 Ver, por exemplo, LAMOUNIER, Bolívar e SOUZA, Amaury. *A classe média brasileira: ambições, valores e projetos de sociedade*, Campus/Elsevier, 2010, e ALMEIDA, Alberto. *A cabeça do brasileiro*, Record, 2008.

42 BOITO, Armando. *A natureza da crise política*, em *Le Monde Diplomatique*, março de 2016.

43 Pesquisa Ibope, setembro de 2013.

44 Ibid, Ibope.

45 LAMOUNIER e SOUZA. Ibid, 2010.

46 BOITO, Armando. Ibid, 2016.

47 BOURDIEU, Pierre. Ibid, 2009.

48 ANDERSON, Perry. *A crise no Brasil*, Blog da Boitempo, 21 de abril de 2016.

49 Diários da presidência, citados no site da Carta Capital, 23 de outubro de 2015.

50 *Carta Capital*, 20 de abril de 2016.

51 Referência ao artigo do juiz Sérgio Moro “Considerações sobre a operação mani pulite”, consultado na internet. Ali, a “deslegitimação do governo” é vista como parte integrante da estratégia processual.

52 Ver SOUZA, Jessé. *A tolice da inteligência brasileira*, Leya, 2015.

53 FRIAS, Otávio. Caderno Ilustríssima, *Folha de S. Paulo*, 24 de abril de 2016.

54 WEBER, Max. *Wirtschaft und Gesellschaft*, J.C. B. Mohr, 1985.

55 Entrevista de Eugênio Aragão a Luiz Nassif em 6 de abril de 2016, no site GGN.

56 Citado em MOREIRA LEITE, Paulo. *A outra história da Lava Jato*, Geração, 2015.

57 Ver WEBER, Max. *Die Wirtschatsethik der weltreligionen, Konfuzianismus und Taoismus*, J.C.B.Mohr, 1991.

58 Citado por MOREIRA LEITE, Paulo. Ibid, 2015, p. 60.

59 Reportagem de Júlia Duialibi, “Delegados da Lava Jato exaltam Aécio e atacam o PT na rede”, em *O Estado de S. Paulo*, 13 de novembro de 2014.

60 Cobertura da Rede Globo às manifestações de março de 2016.

61 Reportagem de Izabela Corrêa e Janaina Penalva intitulada “CNJ decide pela não publicação dos salários de juízes, você viu?”, *O Estado de S. Paulo*, 3 de dezembro de 2015.

62 DOWBOR, Ladislau. *Resgatando o potencial financeiro do Brasil*, Fundação Friedrich Ebert, setembro de 2015.

63 Que este fato esteja em disputa agora e que eventualmente possa ser revertido não retira sua veracidade.

64 MORAIS, Fernando. *Chatô: o rei do Brasil*. Companhia da Letras, 1994.

65 ORWELL, George. 1984.

66 Tradução livre do original em alemão: *Wo aber Gefahr ist, wäscht das Rettende auch*

67 Vários de meus amigos de faculdade se referiam aos próprios pais como "velhos nazistas", mostrando o conflito aberto entre gerações nesta época.

68 Sérgio Machado, nos recentes vazamentos, lembra no diálogo com Renan: "Precisamos passar uma borracha nisso", é necessário um grande "pacto" – o velho, o mesmo de sempre, que foi, no caso, o próprio golpe.

impressão	*Julho de 2016*
papel de miolo	*Polen soft 70g/m²*
papel de capa	*Cartão Supremo 250g/m²*
tipografia	*ITC Century Std*
gráfica	*Lis Gráfica*